Sibylla Haas
Christine Diethelm

7 + 1 Coaching-Werkzeuge für ein mutiges und starkes ICH

Sibylla Haas
Christine Diethelm

7 + 1 Coaching-Werkzeuge für ein mutiges und starkes ICH

Nutzen Sie Coaching-Werkzeuge für Ihr Leben!

Trainerverlag

Imprint
Any brand names and product names mentioned in this book are subject to trademark, brand or patent protection and are trademarks or registered trademarks of their respective holders. The use of brand names, product names, common names, trade names, product descriptions etc. even without a particular marking in this work is in no way to be construed to mean that such names may be regarded as unrestricted in respect of trademark and brand protection legislation and could thus be used by anyone.

Cover image: Copyright by Sandra Kottonau

Publisher:
Der Trainerverlag
is a trademark of
International Book Market Service Ltd., member of OmniScriptum Publishing Group
17 Meldrum Street, Beau Bassin 71504, Mauritius

Printed at: see last page
ISBN: 978-620-2-49402-1

you arise

7+1 you arise
Coaching – Werkzeuge
für ein mutiges und starkes ICH

Sibylla Haas und Christine Diethelm

you arise

7 + 1 Werkzeuge für ein mutiges und starkes ICH

In diesem Buch finden Sie 7+1 Coaching-Werkzeuge, die Ihren Mut und Ihre Stärke erweitern und festigen werden.

7+1 Werkzeuge für ein mutiges und starkes ICH ist ein Coaching-Arbeitsbuch, das Sie ganz nach Ihrem Zeitplan und Bedürfnis hervornehmen und daran arbeiten können. Sie tun dies selbstständig mit den von uns detailliert vorbereiteten und einfach nachvollziehbaren Arbeitsanleitungen.
Und sollten Sie irgendwo anstehen, sind wir nur eine E-Mail weit entfernt, um Ihnen auf Ihrem weiteren Weg unterstützend zur Seite zu stehen.
Wir empfehlen Ihnen, falls Sie die Werkzeuge mehrmalig nutzen wollen, die Arbeitsblätter vor der Bearbeitung zu kopieren.

Wagen Sie das Abenteuer - Erweitern und festigen Sie Ihren Mut und Ihre Stärke!

Design: Ella Pulungsari
Fotos: aus der Praxis der Autorinnen
Coverbild: Sandra Kottonau

In diesem Buch wird der Einfachheit halber nur die männliche Form verwendet. Die weibliche Form ist selbstverständlich immer mit eingeschlossen.

Leben Bewegen • Sibylla Haas
Bahnhofstrasse 15 • CH-8570 Weinfelden
+41 (0)79 253 15 32 • info@leben-bewegen.ch
www.leben-bewegen.ch

INHALT

VORWORT 5

WERKZEUG 1 LEBENSBALANCE 6

1. EINFÜHRUNG 7
2. ZIELE 7
3. MATERIAL 7
4. LebensBalance SCHRITT für SCHRITT 8
5. VERTIEFUNG 9
6. PERSÖNLICHES COACHING – UNSER **BONUS** FÜR **SIE** 10
7. ARBEITSBLÄTTER LebensBalance 11

WERKZEUG 2 STÄRKENTURM 17

1. EINFÜHRUNG 18
2. ZIELE 18
3. MATERIAL 18
4. StärkenTurm SCHRITT für SCHRITT 19
5. VERTIEFUNG 21
6. PERSÖNLICHES COACHING – UNSER **BONUS** FÜR **SIE** 23

WERKZEUG 3 ERFÜLLTSEIN 24

1. EINFÜHRUNG 25
2. ZIELE 25
3. MATERIAL 26
4. ErfülltSein SCHRITT FÜR SCHRITT 27
5. VERTIEFUNG 29
6. PERSÖNLICHES COACHING – UNSER **BONUS** FÜR **SIE** 32
7. ARBEITSBLÄTTER - TABELLE ErfülltSein 33

Vertiefung - Übung 1 35
Vertiefung - Übung 2 44
ZIELSCHEIBE ErfülltSein 52
LEBENSTHEMEN ErfülltSein 53

WERKZEUG 4 LEBENSBEREICHE 60

1. EINFÜHRUNG 61
2. ZIELE 61
3. MATERIAL 62
4. LebensBereiche SCHRITT FÜR SCHRITT 63
5. VERTIEFUNG 66
6. PERSÖNLICHES COACHING – UNSER **BONUS** FÜR **SIE** 68
7. ARBEITSBLÄTTER LebensBereiche 69

LEGENDE LebensBereiche 70
ZIELSCHEIBE LebensBereiche 71
LEBENSTHEMEN LebensBereiche 72
FARBIGE PUNKTE LebensBereiche 79

WERKZEUG 5 KRAFTPOTENZIAL 80

1. EINFÜHRUNG 81
2. ZIELE 81
3. MATERIAL 81
4. KraftPotenzial SCHRITT FÜR SCHRITT 82
5. VERTIEFUNG 85
6. PERSÖNLICHES COACHING – UNSER **BONUS** FÜR **SIE** 86
7. ARBEITSBLÄTTER KraftPotenzial 87

WERKZEUG 6 WERTBEDÜRFNISSE 92

1. EINFÜHRUNG 93
2. ZIELE 93
3. MATERIAL 93
4. WertBedürfnisse SCHRITT FÜR SCHRITT 94
5. VERTIEFUNG 96
6. PERSÖNLICHES COACHING – UNSER **BONUS** FÜR **SIE** 97
7. ARBEITSBLÄTTER WertBedürfnisse 98

WERKZEUG 7 GUTGENUG 104

1. EINFÜHRUNG 105
2. ZIELE 105
3. MATERIAL 105
4. GutGenug SCHRITT FÜR SCHRITT 106
5. VERTIEFUNG 110
6. PERSÖNLICHES COACHING – UNSER **BONUS** FÜR **SIE** 111
7. ARBEITSBLÄTTER GutGenug 112

WERKZEUG +1 KRAFTPAKET 120

1. EINFÜHRUNG 121
2. ZIELE 121
3. MATERIAL 121
4. KraftPaket SCHRITT FÜR SCHRITT 122
5. PERSÖNLICHES COACHING – UNSER **BONUS** FÜR **SIE** 126
6. ARBEITSBLÄTTER KraftPaket 127

VORWORT

You arise bedeutet „Steh auf, erhebe dich, mache dich auf."

Dieses Coaching-Arbeitsbuch haben wir für **Sie** entwickelt, für Menschen, die gerne an sich arbeiten und sich weiterentwickeln wollen.
Die einfach verständlichen und positiv wirkenden 7+1 **you arise** Werkzeuge ermöglichen eine konkrete und nachhaltige Persönlichkeitsentwicklung.

Die Geschichte zu you arise:

Unabhängig voneinander trafen wir immer wieder auf Männer und Frauen, die sich zeitlich und/oder finanziell kein Coaching bei uns leisten konnten. Dies nahmen wir ernst und begannen nach Lösungen zu suchen.
So entstand die Idee zu **you arise**:

Wir entwickeln qualitativ hochstehende Werkzeuge und bringen das Coaching zu Ihnen nach Hause.

Als Tüpfelchen auf's i bieten wir Ihnen unsere kompetente Unterstützung für Ihre Arbeit mit den einzelnen Werkzeugen an.

Unser Ziel war es, dass die Coaching-Werkzeuge von **jeder Person** mit Gewinn genutzt werden können.
Mit Begeisterung und grossem Engagement erarbeiteten wir Coaching-Werkzeuge, die ansonsten nur in Coaching-Sitzungen ihre Anwendung finden.
Darüber hinaus kreierten wir für das Coaching zu Hause:

- einfach verständliche Schritt-für-Schritt-Anleitungen
- entsprechende Arbeitsblätter
- eine Vertiefung für eine kontinuierliche Weiterentwicklung

Das Resultat unserer sorgfältigen Arbeit sehen Sie nun vor sich.

Ihre Vorteile

- kostengünstig
- bequem zu Hause
- in aller Ruhe
- zu Ihrem Zeitpunkt
- mit kompetenter Unterstützung

Erwarten Sie eindrückliche Erfahrungen und persönliche Entdeckungen.

Wir freuen uns sehr, Ihnen mit unseren **you arise Werkzeugen** nachhaltig dienen zu können.

Sibylla Haas   Christine Diethelm

S. Haas   Ch. Diethelm

Werkzeug 1 LebensBalance

1. EINFÜHRUNG

Das Leben ist ein Geschenk! Damit wir dies wahrnehmen können, braucht es unser Bewusstsein. Ein offenes Herz, offene Ohren und Augen und eine persönliche Präsenz sind nötig, um dieses Geschenk „Leben“ mit all seinen Facetten erkennen und schätzen zu können. Was wir mit Sorgfalt und Achtung betrachten, wird einerseits bewusst und erhält andererseits „Farbe und Klarheit“. Dies gilt auch für die Selbstbetrachtung. Unser Bewusstsein und die Selbstwahrnehmung dienen der persönlichen Weiterentwicklung.
Mit dem Werkzeug LebensBalance nehmen Sie in 10 wichtigen Bereichen Ihres Lebens eine Standortbestimmung vor. Sie erkennen, wo Sie stehen und wie Sie sich dabei fühlen.

2. ZIELE

Das Werkzeug LebensBalance verfolgt diese Ziele:

1. Sie setzen sich mit 10 wichtigen Lebensbereichen auseinander und erkennen, wo Sie in jedem dieser Bereiche stehen.
2. Die Auseinandersetzung mit 10 wichtigen Lebensbereichen bewirkt verschiedenste Gefühle und Gedanken. Vielleicht tauchen auch Fragen auf. Sie nehmen beides ernst, machen sich dazu Notizen und schaffen damit eine Erkenntnis-Grundlage für Ihre weitere Entwicklung.
3. Mit der geschaffenen Erkenntnis-Grundlage können Sie konkrete Entscheidungen treffen und mögliche Entwicklungsschritte tun.
4. Sie erkennen eigene Stärken und Schwächen.
5. Mit dem Werkzeug LebensBalance werden Sie sich Ihrer erfolgreichen Lebensbereiche bewusst.

3. MATERIAL

- LebensBalance SCHRITT FÜR SCHRITT (Seite 8)
- ARBEITSBLÄTTER LebensBalance (Seiten 11 -16)
- Schreibstifte und Notizpapier

4. LebensBalance SCHRITT für SCHRITT

Öffnen sie das Arbeitsbuch auf der Seite 11 und nehmen Sie die Arbeitsblätter LebensBalance (Seiten 11 -16) zur Hand.

1. Starten Sie beim Thema **1. Umgang mit mir** und lesen Sie die verschiedenen Aussagen.
2. Fragen Sie sich dazu bei jeder Aussage: Wie stark trifft dies auf mich zu? Entscheiden Sie sich bei jeder Aussage, welche Punktezahl passend ist.

   0 Punkte trifft nicht zu
   1 Punkt trifft teilweise zu
   2 Punkte trifft zu

3. Werden Sie sich bewusst was Sie denken und fühlen. Halten Sie Ihre Gedanken und Gefühle zu den verschiedenen Aussagen unter dem jeweiligen Thema schriftlich fest.
4. Rechnen Sie alle Punkte dieses Themas zusammen und schreiben Sie das Resultat auf die Linie neben dem Punktetotal: ______.
5. Gehen Sie nun weiter zum Thema **2. Seele / Herz / Gefühle** und machen Sie es genau gleich wie beim Thema 1.
6. Durchdenken Sie in der Folge jeden weiteren Lebensbereich.
7. Wenn Sie bei allen 10 Lebensbereichen alle Aussagen bewertet und das Punktetotal zusammengerechnet haben, dann gehen Sie zur Seite 16.
8. Dort finden Sie die Auswertung des Werkzeugs. Lesen Sie die Auswertung genau durch und bedenken Sie im Anschluss Ihre Punkte-Resultate im Zusammenhang mit den Lebensbereichen.
   Was denken Sie? Wie fühlen Sie sich?
   Schreiben Sie Ihre Gedanken und Gefühle zu jedem Lebensthema auf das Notizpapier.

Haben Sie das Werkzeug fertig bearbeitet?
Dann lesen Sie hier weiter und freuen Sie sich!

❋ ❋

Herzliche Gratulation! Sie haben viel gearbeitet.

Werden Sie sich bewusst: Wenn Sie wissen wo Sie stehen, können Sie entscheiden, ob Sie stehen bleiben oder in welche Richtung Sie gehen wollen. Nutzen Sie das Werkzeug **LebensBalance** 1x jährlich und betrachten Sie damit Ihr Leben. Durch die Bearbeitung für Sie relevanter Themen und der daraus folgenden persönlichen Entwicklung, wird Ihr **Mut** zunehmen und Ihre innere **Stärke** wachsen.

5. VERTIEFUNG

Wenn Sie am Thema dranbleiben und noch mehr aus diesem Werkzeug für sich herausholen möchten, empfehle ich Ihnen folgende vertiefende Schritte:

1. Besprechen Sie Ihre Resultate und Ihre Notizen mit einem Freund/einer Freundin oder einer Fachperson.
2. Notieren Sie alles, was Ihnen dabei neu bewusst wird.
3. Treffen Sie eine verbindliche Entscheidung, **ob** Sie etwas angehen und verändern wollen.
4. Sammeln Sie Ideen, **wie** Sie dies angehen könnten. Beginnen Sie bei **einem** Thema.
5. Was ist Ihr Wunschziel? ______________________________
6. Was könnte ein erster, zweiter, dritter usw. Schritt sein?
7. Werden Sie konkret und setzen Sie sich einen Termin, bis wann Sie den ersten Schritt umgesetzt haben.
8. Machen Sie den ersten Schritt.
9. Feiern Sie den ersten Schritt.
10. Werden Sie konkret und setzen Sie sich einen Termin, bis wann Sie den zweiten Schritt umgesetzt haben.
11. Machen Sie den zweiten Schritt.
12. Feiern Sie den zweiten Schritt und anerkennen Sie Ihren Erfolg.
13. Machen Sie schrittweise weiter, bis Sie ihr Ziel erreicht haben.
14. Überprüfen Sie zwischendurch immer wieder, ob Sie sich auf dem Weg zu Ihrem Wunschziel befinden.
15. Holen Sie sich Hilfe, wenn Sie alleine nicht weiterkommen oder in der Gefahr stehen aufzugeben.

PERSÖNLICHES COACHING – UNSER **BONUS** FÜR **SIE**

Haben Sie Fragen zum Werkzeug LebensBalance?

Kommen Sie beim Werkzeug LebensBalance nicht mehr weiter?

Möchten Sie mir eine Rückmeldung zum Inhalt geben?

Schreiben Sie mir Ihre Fragen, Anliegen und Anregungen per E-Mail unter:

info@leben-bewegen.ch

Meine weiteren Kontaktdaten:

Leben Bewegen
Sibylla Haas
Bahnhofstrasse 15
CH-8570 Weinfelden

www.leben-bewegen.ch

+41 (0)79 253 15 32

Ich freue mich auf den Kontakt mit Ihnen!

ARBEITSBLÄTTER LebensBalance

1. Umgang mit mir

__ Ich kenne mich und meine Bedürfnisse gut.
__ Ich nehme mich selber an so wie ich bin.
__ Ich führe ein sinnvolles Leben.
__ Ich kann mich gut erholen und habe genügend Schlaf.
__ Ich ernähre mich gesund und bin körperlich fit.

Punktetotal: ______

Meine Gedanken und Gefühle:

2. Seele / Herz / Gefühle

__ Ich spüre, wenn sich meine Seele, mein tiefstes Ich, zeigt.
__ Ich lerne mein Herz und meine Gefühle immer besser kennen.
__ Ich nehme mein Herz und meine Gefühle wahr.
__ Ich nehme mein Herz und meine Gefühle ernst.
__ Ich weiss, wie ich meine Seele mit Freude und Energie nähren kann.

Punktetotal: ______

Meine Gedanken und Gefühle:

3. Vernunft / Verstand / Denkvermögen

__ Ich denke proaktiv und ermutigend.
__ Ich nehme mir Zeit, um über mich selbst nachzudenken.
__ Ich kenne meine Lebenseinstellungen und korrigiere sie wo nötig.
__ Ich bilde mich regelmässig weiter.
__ Ich bin kritik- und lernfähig.

Punktetotal: ______

Meine Gedanken und Gefühle:

4. Persönlichkeit sein, das Leben gestalten

__ Ich bin selbstbewusst und nehme Raum für mich in Anspruch.
__ Ich achte meine Grenzen und die Grenzen anderer.
__ Ich bewege mich sicher an fremden Orten und unter fremden Leuten.
__ Ich gestalte mein Leben zu Hause, im Beruf, in Beziehungen und mit mir selbst.
__ Ich bin eine Persönlichkeit, positioniere mich selbstbewusst und kann mich verteidigen.

Punktetotal: ______

Meine Gedanken und Gefühle:

5. Umgang mit der Zeit

__ Ich gestalte meine Zeit bewusst.
__ Ich nutze meine Zeit sinnvoll/erfüllend.
__ Ich verfolge Ziele und setze Prioritäten.
__ Ich fühle mich im Gleichgewicht in den Bereichen Ich, Arbeit, Beziehungen und Freizeit.
__ Bei Stress kenne ich Handlungsmöglichkeiten und setze sie um.

Punktetotal: ______

Meine Gedanken und Gefühle:

6. Spiritualität / Glaube

__ Ich nehme mir Zeit für den Glauben/die Spiritualität.
__ Ich schöpfe Energie und Kraft aus dem Glauben/der Spiritualität.
__ Ich denke über das Leben und Lebensfragen nach.
__ Ich setze mich mit Gott/meinem Glauben auseinander.
__ Ich erkenne den Sinn für mich und mein Leben.

Punktetotal: ______

Meine Gedanken und Gefühle:

7. Alltag

___ Ich meistere den Alltag.
___ Ich gestalte den Alltag bewusst.
___ Ich nehme im Alltag persönliche Stärken und Fähigkeiten wahr.
___ Ich entnehme dem Alltag regelmässig Positives und bin dankbar.
___ Ich habe meinen Alltag gern, bin „im Fluss“ und empfinde Freude.

Punktetotal: ______

Meine Gedanken und Gefühle:

8. Partnerschaft

___ Ich fühle mich geliebt und angenommen.
___ Ich akzeptiere die Andersartigkeit meines Partners/meiner Partnerin.
___ Ich bin zufrieden mit unserer Aufgabenteilung.
___ Ich erlebe eine erfüllende Sexualität.
___ Ich habe gute Kommunikationsfähigkeiten und bin konfliktfähig.

Punktetotal: ______

Meine Gedanken und Gefühle:

9. Mitmenschen

- __ Ich habe vertrauensvolle Beziehungen.
- __ Ich erlebe Unterstützung und Ermutigung.
- __ Ich habe Kontakt zu verschiedensten Menschen.
- __ Ich pflege wichtige Beziehungen aktiv.
- __ Ich kann mich mitteilen und werde ernst genommen.

Punktetotal: ______

Meine Gedanken und Gefühle:

10. Arbeit / Berufung

- __ Ich lebe in meiner Berufung.
- __ Ich erlebe mich als wichtig und werde gebraucht.
- __ Wenn ich mich fachlich und persönlich entwickeln kann, blühe ich auf.
- __ Ich habe eine wichtige und/oder verantwortungsvolle Aufgabe.
- __ Ich habe gute Beziehungen zu meinem Chef, Kunden und/oder Teammitgliedern.

Punktetotal: ______

Meine Gedanken und Gefühle:

Auswertung

Bei mehr als 7 Punkten pro Thema können Sie feiern! Bei diesen Themen stehen Sie sicher und mit beiden Beinen auf dem Boden.
Bei genau 7 Punkten können Sie zufrieden sein. Es besteht kein dringender Handlungsbedarf. Sie können sich jedoch überlegen, ob Sie bei diesen Themen noch „einen Zahn zulegen“ wollen.
Bei weniger als 7 Punkten pro Thema ist es wichtig, genauer hinzuschauen! Bei diesen Themen herrscht ein Ungleichgewicht, das auf Dauer ungesund ist.

Werkzeug 2 StärkenTurm

1. EINFÜHRUNG

Viele Menschen unserer Gesellschaft sind visuell begabt. Das heisst, dass sie ihre Umwelt am stärksten über die Augen wahrnehmen. Diesem Umstand und dass es für alle Leute toll ist, etwas Schönes oder Eindrückliches zu sehen, wird in diesem Werkzeug StärkenTurm Rechnung getragen. Wer seine Stärken kennt, kann sein Leben in allen Bereichen bewusster gestalten und wird glücklicher.
Beim Werkzeug StärkenTurm erkennen und festigen Sie Ihre Stärken und trainieren Ihr Stärken-Bewusstsein. Mit der wachsenden Erkenntnis Ihrer Stärken, bauen Sie zeitgleich einen sichtbaren StärkenTurm. Dies wird Sie nachhaltig ermutigen.
Die Folgen werden ein grösseres Selbstbewusstsein, Selbstsicherheit und Selbstvertrauen sein.

2. ZIELE

Das Werkzeug StärkenTurm verfolgt diese Ziele:

1. Sie nehmen regelmässig Ihre Stärken in den Fokus.
2. Sie machen sich Ihre eigenen Stärken und Fähigkeiten bewusst.
3. Sie stärken Ihre Stärken!
4. Sie festigen Ihr Selbstbewusstsein.
5. Sie lernen eine Selbstermutigungs-Methode kennen, die Sie jederzeit anwenden können.

3. MATERIAL

- StärkenTurm SCHRITT FÜR SCHRITT (Seiten 19 + 20)
- Schöner Topf oder schönes Gefäss
- Legosteine oder etwas Ähnliches, das sie aufeinander stecken oder aufeinander legen können
- Bunte Papierstreifen
- Schreibstifte

4. StärkenTurm SCHRITT für SCHRITT

1. Schreiben Sie am **ersten** Tag eine Ihrer Stärken auf einen bunten Papierstreifen. Legen Sie diesen Papierstreifen in Ihren schönen Topf.

2. Legen Sie daraufhin **einen** Legostein oder etwas Ähnliches neben Ihren schönen Topf. Beim Werkzeug StärkenTurm wird jede Stärke mit einem Legostein oder etwas Ähnlichem sichtbar gemacht.

3. Sagen Sie nun laut und freudig, indem Sie den Papierstreifen mit Ihrer ersten Stärke aus dem Topf und in die Hand nehmen: *Ich bin … !* oder *Ich freue mich über meine Stärke …!* oder *Es ist toll, dass ich … bin!* usw.
   Legen Sie nun den Papierstreifen wieder zurück in den Topf.

4. Schreiben Sie am **zweiten** Tag eine neue Stärke auf einen Papierstreifen. Legen Sie auch diesen Papierstreifen in Ihren schönen Topf.

5. Stecken Sie nun einen **zweiten** Legostein auf den ersten Legostein neben Ihrem schönen Topf.

6. Nehmen Sie die beiden Stärken von Tag 1 und 2 aus dem Topf in die Hand. Sagen Sie nun laut und freudig **bei jeder Stärke**: Ich bin … ! oder Ich freue mich über meine Stärke … ! oder Es ist toll, dass ich … bin! usw.

7. So geht es jeden Tag weiter.

8. Wichtig: Mit der Zeit werden es immer mehr beschriftete Papierstreifen und immer mehr Legosteine. Der StärkenTurm wächst! Achten Sie darauf, dass Sie jedes Mal **alle** Stärken einzeln in die Hand nehmen und laut und feierlich sagen*: Ich bin ...!* oder *Ich freue mich über meine Stärke ...!* oder *Es ist toll, dass ich ... bin!* usw.

Es wird für Sie hilfreich sein, wenn Sie für diese tägliche Übung eine Tageszeit festlegen. Warum nicht vor oder nach dem Frühstück, damit Sie ermutigt in den Tag starten können? Oder vielleicht wollen Sie damit ihren Tag ausklingen lassen?

Mit der Zeit wächst der Legoturm immer mehr und Ihre vielen Stärken werden damit gut sichtbar. Der StärkenTurm kann und soll zu einem ermutigenden Ritual werden. Machen Sie dieses Werkzeug StärkenTurm so lange Sie mögen, **mindestens aber 4 Wochen**!

Wie es aussehen könnte:

Haben Sie das Werkzeug fertig bearbeitet?
Dann lesen Sie hier weiter und freuen Sie sich!

❋ ❋

Herzliche Gratulation! Sie haben viel gearbeitet.

Werden Sie sich bewusst: Wenn Sie Ihre Stärken kennen und die Vielfalt Ihrer Fähigkeiten und Kompetenzen wahrnehmen, ist es gar nicht mehr möglich, sich klein und nichtig zu fühlen. Sie sind wichtig! – und die Welt braucht exakt Ihre Fähigkeiten-Zusammensetzung. Dieses Wissen wird dafür sorgen, dass Ihr **Mut** zunehmen und Ihre innere **Stärke** wachsen wird.

VERTIEFUNG

Wenn Sie an diesem Thema dranbleiben und noch mehr aus diesem Werkzeug für sich herausholen möchten, empfehle ich Ihnen folgende vertiefende Schritte:

Übung 1:

Denken Sie nach:
Welche Stärken freuen Sie besonders?
Welche Stärken wollen Sie bewusster leben? Wo? Wann?
Welche Stärken wollen Sie bei welchem Lebensbereich neu einbauen?

Nehmen Sie sich Zeit für die Beantwortung dieser Fragen. Es lohnt sich!

Übung 2:

Haben Sie den Mut und erzählen Sie mindestens drei vertrauten Personen von Ihren Stärken. Fragen Sie bei diesen Personen nach, ob Sie noch eine Stärke vergessen haben. Notieren Sie sich diese neuen Stärken. Ergänzen Sie damit Ihren StärkenTurm.

Ich erzähle und frage ...

Person 1: ___________

Weitere Stärken:

Person 2: ___________

Weitere Stärken:

Person 3: ___________

Weitere Stärken:

Übung 3:

Jedes Mal, wenn Sie am StärkenTurm vorbeigehen, denken oder sprechen Sie laut aus: *Ich bin sehr begabt und stolz auf mich! Alle diese Fähigkeiten sind wichtig und ich kann damit viel Gutes bewirken.* Oder: Denken Sie sich selbst einen oder mehrere ermutigende Sätze aus.
Schreiben Sie Ihre Ideen hier auf:

Übung 4:

Denken Sie nach einer Arbeit darüber nach, welche Ihrer Fähigkeiten und Stärken für diese Arbeit benötigt wurden. Notieren Sie sich diese Stärken. Ergänzen Sie Ihren StärkenTurm mit neu erkannten Stärken und freuen Sie sich.

Übung 5:

Machen Sie sich Ihre Stärken regelmässig bewusst. Nehmen Sie dazu die Stärkenkärtchen und den Stärkenturm immer wieder zur Hilfe. Wiederholen Sie den Vorgang, bis Sie Ihre Stärken verinnerlicht haben.

Übung 6:

Wenn es für Sie schwierig ist, Ihre Stärken zu erkennen oder diese in Ihr Leben einzubauen, dann holen Sie sich Unterstützung in Form eines Coachings.
Ich stehe Ihnen dafür gerne zur Verfügung.

PERSÖNLICHES COACHING – UNSER **BONUS** FÜR **SIE**

Haben Sie Fragen zum Werkzeug StärkenTurm?

Kommen Sie beim Werkzeug StärkenTurm nicht mehr weiter?

Möchten Sie mir eine Rückmeldung zum Inhalt geben?

Schreiben Sie mir Ihre Fragen, Anliegen und Anregungen per E-Mail unter:

info@leben-bewegen.ch

Meine weiteren Kontaktdaten:

Leben Bewegen
Sibylla Haas
Bahnhofstrasse 15
CH-8570 Weinfelden

www.leben-bewegen.ch

+41 (0)79 253 15 32

Ich freue mich auf den Kontakt mit Ihnen!

you arise

Werkzeug 3 ErfülltSein

1. EINFÜHRUNG

Früher oder später gelangen die meisten Menschen an den Punkt, an dem sie sich konkreter und bewusster mit ihrer eigenen Identität auseinandersetzen wollen. Es beschäftigen sie Fragen wie: Wer bin ich? Was macht mich als Person aus? Was ist mir wichtig im Leben? Was prägt meine Entscheidungen? Usw.
Um uns unserer Identität bewusst zu werden, ist es unumgänglich, dass wir uns vertieft mit unserem Leben befassen. An was hängt mein Herz? Welche Lebensthemen bestimmen mich auf besondere Weise? Gibt es Themen, die mich stören oder gar belasten? Was freut mich besonders und worauf will ich in Zukunft mein Augenmerk noch stärker richten? Unsere Identität zu entdecken ist eine vielschichtige und spannende Sache. Mit dem Werkzeug ErfülltSein werden Sie auf Ihrer Entdeckungsreise ein ganzes Stück weiterkommen!

2. ZIELE

Das Werkzeug ErfülltSein verfolgt diese Ziele:

1. Sie entdecken Ihre verschiedenen Lebensthemen.
2. Sie erkennen, welche Bedeutung die verschiedenen Themen für Sie haben.
3. Sie klären Ihre Einstellung/Haltung zu diesen Themen.
4. Sie prüfen für sich, ob Sie an der Gewichtung der verschiedenen Lebensthemen etwas ändern wollen.
5. Sie prüfen für sich, ob innerhalb der verschiedenen Lebensthemen auf Grund von Unzufriedenheit Handlungsbedarf besteht.
6. Sie legen fest, welche Themen Sie angehen möchten.
7. Sie definieren Ihr Veränderungsziel und halten klare und messbare Schritte fest.
8. Sie erweitern das Bewusstsein über Ihre Identität und erhalten dadurch die Grundlage, um darauf aufbauen zu können.

3. MATERIAL

- ErfülltSein SCHRITT FÜR SCHRITT (Seiten 27 + 28)
- ARBEITSBLÄTTER ErfülltSein (Seiten 33 + 34)
- Packpapier oder Flipchartblatt
- Zielscheibe als Vorbereitung auf Packpapier oder Flipchart vergrössern. (Seite 52)
- Weisse, mit Lebensthemen beschriftete Punkte als Vorbereitung ausschneiden. (Seiten 53 – 58)
- Weisse leere Punkte für zusätzliche Themen als Vorbereitung ausschneiden. (Seite 58 + 59)
- Notizpapier
- Kugelschreiber oder andere Stifte
- Fotoapparat

4. ErfülltSein SCHRITT FÜR SCHRITT

1. Übertragen Sie die Zielscheibe möglichst gross auf das Packpapier oder einen Flipchartbogen. Legen Sie nun die aufgezeichnete und vergrösserte Zielscheibe vor sich auf den Tisch. Diese Scheibe stellt Ihr Leben dar. Die unterschiedlichen Grauabstufungen stehen für unterschiedliche Bedeutungen. Die Mitte kennzeichnet die höchste Intensität/Wichtigkeit, d.h. Sie bewerten Lebensthemen, die Sie zur Mitte hin platzieren am stärksten oder am wichtigsten.

2. Nehmen Sie nun die ausgeschnittenen weissen Punkte mit den Lebensthemen zur Hand.

3. Legen Sie die weissen Punkte entsprechend Ihrer persönlichen Einstufung auf die Zielscheibe Ihres Lebens. Je näher zur Mitte hin Sie ein Lebensthema platzieren, desto wichtiger ist Ihnen dieses Lebensthema. Wichtig: Es geht hier um Ihre ganz persönliche Bewertung. Lassen Sie sich nicht von äusseren Einflüssen leiten, sondern hören Sie nur auf sich selbst. Falls Ihnen Themen fehlen, schreiben Sie diese auf die leeren weissen Punkte und setzen Sie sie ebenfalls auf den entsprechenden Platz auf der Zielscheibe.

   Nehmen Sie sich genug Zeit und verschieben Sie alle Punkte mit den Lebensthemen so lange, bis die Einteilung für Sie stimmt.

4. Fotografieren Sie die Zielscheibe mit den darauf verteilten Lebensthemen, damit Sie die erstellte Einteilung auch später noch zur Hand haben.

5. Nehmen Sie nun die Tabelle (Seiten 33 + 34) zur weiteren Evaluierung zur Hand und ergänzen Sie, falls nötig, zuerst in der linken Spalte ganz unten Ihre selber zugefügten Themen.

6. Gehen Sie jetzt zum ersten Thema „Körper“ und stellen Sie sich in der Spalte „fällt mir auf“ folgende Frage: Fällt mir bei diesem Lebensthema etwas auf? Wenn **ja**, machen Sie ein Zeichen (z. B. ein X) oder schreiben Sie ein Stichwort in das entsprechende Feld. Scheuen Sie sich nicht, das aufzuschreiben, was Ihnen spontan in den Sinn kommt.

7. Gehen Sie nun einen Schritt nach rechts zur Spalte „gefällt mir“ und stellen Sie sich die Frage: Gefällt mir dieses Lebensthema? Wenn **ja**, machen Sie ein Zeichen (z. B. ein X) oder schreiben Sie ein Stichwort in das entsprechende Feld.

8. Gehen Sie nun zur dritten Spalte „stört mich“. Wir sind immer noch beim ersten Thema „Körper“. Stellen Sie sich folgende Frage: Stört mich etwas bei diesem Lebensthema? Wenn **ja**, machen Sie ein Zeichen (z. B. ein X) oder schreiben Sie ein Stichwort in das entsprechende Feld.

9. Wir kommen nun zur Spalte „Entwicklung“. Stellen Sie sich die Frage: Möchte ich mich bei diesem Lebensthema weiterentwickeln? Wenn **ja**, machen Sie wiederum ein Zeichen (z. B. ein X) oder schreiben Sie ein Stichwort ins Feld.

10. Wir kommen nun zur letzten Spalte mit dem Namen „Schwierigkeit“. Stellen Sie sich die Frage: Gibt es eine Schwierigkeit für mich beim Lebensthema „Körper“? Wenn **ja**, machen Sie ein Zeichen oder schreiben Sie ein Stichwort in das entsprechende Feld.

11. Verfahren Sie so mit allen weiteren Lebensthemen, bis die gesamte Tabelle ausgefüllt ist.
12. Schreiben Sie auf Ihr Notizpapier, welche Gedanken, Fragen und Erkenntnisse Sie aus dieser Arbeit ziehen.
13. Was bedeutet Ihr Resultat konkret für Ihr Leben? Notieren Sie sich Ihre Gedanken.
14. Die Vertiefungs-Übungen 1 + 2, die auf den Seiten 29 – 31 beschrieben werden, sind bei diesem Werkzeug sehr wichtig. Nehmen Sie sich Zeit dafür.

Haben Sie das Werkzeug fertig bearbeitet?
Dann lesen Sie hier weiter und freuen Sie sich!

Herzliche Gratulation! Sie haben viel gearbeitet.

Schritt für Schritt haben Sie viele Winkel Ihres Lebens ausgeleuchtet und eine Standortbestimmung vorgenommen. Das zeugt von grossem **Mut** und **Stärke**. Damit haben Sie sich die Grundlage für ein wachsendes und erfülltes Leben gelegt.

5. VERTIEFUNG

Ein grosser Gewinn ist Ihnen sicher, wenn Sie nach dieser Standortbestimmung am Thema dranbleiben. Das Wissen über Ihre Lebensthemen allein ist erst die Grundlage für gewünschte Veränderungen.

Nehmen Sie sich die Zeit und lösen Sie die vertiefenden Übungen 1 oder 2 (Seiten 35 – 51), damit Sie nicht stehen bleiben, sondern bei jedem Lebensthema konkrete Schritte vorwärts gehen können.
Lesen Sie die beiden Übungen zur Vertiefung in Ruhe durch. Entscheiden Sie sich für diejenige, die Ihnen im Moment besser entspricht. Sie können die zweite Übung zur Vertiefung des Themas auch zu einem späteren Zeitpunkt erarbeiten.

Übung 1:

Nehmen Sie Ihre ausgefüllte Tabelle (Seiten 33 + 34) und die Arbeitsblätter der Übung 1 (Seiten 35 – 43) zur Hand. Sie haben die Lebensthemen mit einfachen Fragen verknüpft und sehen nun mit einem Blick, welche Felder Sie angekreuzt haben oder in welche Felder Sie ein Stichwort geschrieben haben.
Beginnen Sie wieder mit dem ersten Lebensthema „Körper". Fokussieren Sie sich nur auf die von Ihnen gekennzeichneten Felder. Beantworten Sie die unten aufgeführten Fragen und schreiben Sie ihre Antworten auf das Arbeitsblatt unter dem Titel „Körper". Schreiben Sie bei allen Fragen das auf, was Ihnen spontan in den Sinn kommt oder worüber Sie vielleicht schon seit längerem brüten. Es geht hier nicht um wohlformulierte Sätze oder darum zu „grübeln". Es geht darum, dass Sie nach innen gerichtet wahrnehmen was vorhanden ist und nur darauf wartet, von Ihnen entdeckt zu werden.

1. Für das Feld „fällt mir auf" stellen Sie sich die Frage: Was fällt mir auf und warum?

2. Für das Feld „gefällt mir" stellen Sie sich folgende Frage: Was genau gefällt mir an diesem Thema? Warum?

3. Für das Feld „stört mich" beantworten Sie folgende Fragen: Was stört mich an diesem Thema? Warum ist das so?

4. Für das Feld „Entwicklung" beantworten Sie die Frage: Warum sehe ich bei diesem Thema Handlungsbedarf? Warum möchte ich mich in diesem Bereich weiterentwickeln? Was möchte ich verändern? Wie soll es sein?

5. Für das Feld „Schwierigkeit" stellen Sie sich die Frage: Wo genau stehe ich an? Wo ist der Knackpunkt? Warum ist das so? Welche Aspekte bereiten mir Schwierigkeiten? Was möchte ich angehen? Wer oder was könnte mich dabei unterstützen?

6. Wenn Sie auf diese Weise alle markierten Felder vertieft haben, gehen Sie zum zweiten Lebensthema „Intellekt". Beantworten Sie auch dort die Fragen zu den markierten Feldern und machen Sie sich die entsprechenden Notizen dazu unter dem Titel „Intellekt".

7. Machen Sie so weiter, bis Sie alle markierten Felder aller Lebensthemen mit den oben genannten Fragen vertieft bedacht haben.

8. Überlegen Sie sich nun anhand der Tabelle und Ihrer Notizen, wie Sie Ihre Erkenntnisse in konkrete Schritte umsetzen können. Denken Sie dabei an Ihren beruflichen wie privaten Alltag.
9. Schreiben Sie Ihre konkreten Ideen beim Arbeitsblatt auf der Seite 43 auf.
10. Was wollen Sie als ersten/zweiten/dritten Schritt konkret umsetzen?
11. Setzen Sie Ihre Pläne gezielt und Schritt für Schritt um und freuen Sie sich an Ihrem Erfolg!

Übung 2:

Nehmen Sie Ihre ausgefüllte Tabelle und die Arbeitsblätter der Übung 2 (Seiten 44 – 51) zur Hand. Gehen Sie wie oben beschrieben wieder jedes einzelne Lebensthema Schritt für Schritt durch. Fokussieren Sie sich dabei nur auf die Spalten „Entwicklung" und „Schwierigkeit" und beantworten Sie dazu die untenstehenden Fragen. Falls Sie bei einem Thema diese beiden Felder nicht markiert haben, gehen Sie weiter zum nächsten Thema, bis Sie alle Lebensthemen durchgearbeitet haben.
Schreiben Sie bei allen Fragen das auf, was Ihnen spontan in den Sinn kommt oder worüber Sie vielleicht schon seit längerem brüten. Es geht hier nicht um wohlformulierte Sätze oder darum zu „grübeln". Es geht darum, dass Sie nach innen gerichtet wahrnehmen, was vorhanden ist und nur darauf wartet, von Ihnen entdeckt zu werden.
Haben Sie die Übung 1 schon bearbeitet? Sie können Ihre Antworten (Übung 1) zu den Bereichen „Entwicklung" und „Schwierigkeit" zur Hand nehmen.

Sparte **Entwicklung**:

Falls Sie mehrere oder viele Felder in dieser Sparte markiert haben, ist es von Vorteil, wenn Sie sich vorerst nur ein oder zwei Lebensthemen auswählen und diese angehen. Gönnen Sie sich für diesen Prozess genügend Zeit, d.h. je nach Thema mehrere Wochen!

Wenn Ihre Entwicklung in einem Bereich für Sie zufriedenstellend ausgefallen ist, nehmen Sie sich ein bis zwei weitere Lebensthemen vor. So können Sie weiterfahren, bis Sie sich in allen von Ihnen markierten Themen weiterentwickelt haben. Welcher Erfolg!

Für das Feld „Entwicklung" beantworten Sie folgende Fragen und machen sich auf den dafür vorgesehen Arbeitsblättern (Seiten 44 – 51) entsprechende Notizen dazu:

1. Warum sehe ich bei diesem Lebensthema Handlungsbedarf? Warum möchte ich mich hier weiterentwickeln?
2. Was genau möchte ich verändern, stärken, gezielter in meinen beruflichen und/oder privaten Alltag einbringen?
3. Welches Ziel habe ich dabei vor Augen?
4. Welche konkreten und messbaren Schritte will ich unternehmen, um mein Ziel zu erreichen? Seien Sie konkret.
5. Wer oder was kann mich dabei unterstützen? Seien Sie konkret.
6. Wann will ich mit der Umsetzung beginnen? Setzen Sie ein Datum fest.

7. Wie werde ich feststellen, dass ich mein Ziel erreicht habe?

8. Wenn Sie Ihr Ziel erreicht haben, feiern Sie es!

Sparte **Schwierigkeit**:

Falls Sie mehrere oder viele Felder in dieser Sparte markiert haben, ist es von Vorteil, wenn Sie vorerst nur ein oder zwei Lebensthemen auswählen und diese angehen. Gönnen Sie sich für diesen Prozess genügend Zeit, d.h. je nach Thema mehrere Wochen!

Wenn Sie Ihre Schwierigkeiten in einem Bereich für Sie zufriedenstellend aufgearbeitet haben, nehmen Sie sich ein oder zwei weitere Themen vor. So können Sie weiterfahren, bis Sie alle von Ihnen markierten Schwierigkeiten überwunden haben. Was für ein Sieg!

Für das Feld „Schwierigkeit“ stellen Sie sich folgende Fragen und machen sich entsprechende Notizen (Seiten 44 – 51) dazu:

1. Wo genau stehe ich an? Welche Aspekte bereiten mir Schwierigkeiten?

2. Warum ist das so?

3. Sind das **meine** Ansprüche oder die von meinem Umfeld?

4. Möchte ich daran etwas ändern? Wirklich?

5. Wenn ja, welche Ziele möchte ich erreichen?

6. Sind diese Ziele realistisch und von mir umsetzbar?
   Wenn nicht, passen Sie die Ziele an.

7. Welche konkreten und messbaren Schritte unternehme ich, um mein Ziel zu erreichen? Seien Sie konkret.

8. Wer oder was kann mich dabei unterstützen? Seien Sie konkret.

9. Wann beginne ich mit der Umsetzung? Setzen Sie ein Datum fest.

10. Wie werde ich feststellen, dass ich mein Ziel erreicht habe?

11. Wenn Sie ihr Ziel erreicht haben, dann feiern Sie das!

Wenn Sie bei Ihren Schwierigkeiten anstehen, scheuen Sie sich nicht, kompetente Hilfe (z.B. von einem Coach) in Anspruch zu nehmen. Ihre persönliche Entwicklung und Ihre Ziele sind zu wichtig, als dass Sie sie wegen Problemen oder Entmutigung vorzeitig aufgeben!

PERSÖNLICHES COACHING – UNSER **BONUS** FÜR **SIE**

Haben Sie Fragen zum Werkzeug ErfülltSein?

Kommen Sie beim Werkzeug ErfülltSein nicht mehr weiter?

Möchten Sie mir eine Rückmeldung zum Inhalt geben?

Schreiben Sie mir Ihre Fragen, Anliegen und Anregungen per E-Mail unter:

info@leben-bewegen.ch

Meine weiteren Kontaktdaten:

Leben Bewegen
Sibylla Haas
Bahnhofstrasse 15
CH-8570 Weinfelden

www.leben-bewegen.ch

+41 (0)79 253 15 32

Ich freue mich auf den Kontakt mit Ihnen!

ARBEITSBLÄTTER - TABELLE ErfülltSein

Lebensthema	**fällt mir auf**	**gefällt mir**	**stört mich**	**Entwicklung**	**Schwierigkeit**
Körper					
Intellekt					
Gefühle					
Bedürfnisse					
Werte					
Lebensträume					
Ängste					
Belastungen					
Einschränkung					
Perspektiven					
Umgang Zeit					
Umgang Geld					
Glaube/Gott					
Hobbys					
Begabungen					
Verantwortung					
Ideologien					
Kultur					
Soz. Status					
Partnerschaft					
Eltern					
Geschwister					
Erweit. Familie					
Kinder					
Freunde					

Lebensthema	fällt mir auf	gefällt mir	stört mich	Entwicklung	Schwierigkeit
Bekannte					
Beruf					
Berufung					
Ehrenamt					
Finanzen					
Team					
Leitung					

VERTIEFUNG

Übung 1

Körper:

Intellekt:

Gefühle:

Bedürfnisse:

Werte:

Lebensträume:

Ängste:

Belastungen:

Einschränkungen:

Perspektiven:

Umgang mit Zeit:

Umgang mit Geld:

Glaube/Gott:

Hobbys:

Begabungen:

Verantwortung:

Ideologien:

Kultur:

Sozialer Status:

Partnerschaft:

Eltern:

Geschwister:

Erweiterte Familie:

Kinder:

Freunde:

Bekannte:

Beruf:

Berufung:

Ehrenamt:

Finanzen:

Team:

Leitung:

Meine konkreten Ideen:

VERTIEFUNG

Übung 2

Körper:

Intellekt:

Gefühle:

Bedürfnisse:

Werte:

Lebensträume:

Ängste:

Belastungen:

Einschränkungen:

Perspektiven:

Umgang mit Zeit:

Umgang mit Geld:

Glaube/Gott:

Hobbys:

Begabungen:

Verantwortung:

Ideologien:

Kultur:

Sozialer Status:

Partnerschaft:

Eltern:

Geschwister:

Erweiterte Familie:

Kinder:

Freunde:

Bekannte:

Beruf:

Berufung:

Ehrenamt:

Finanzen:

Team:

Leitung:

ZIELSCHEIBE ErfülltSein

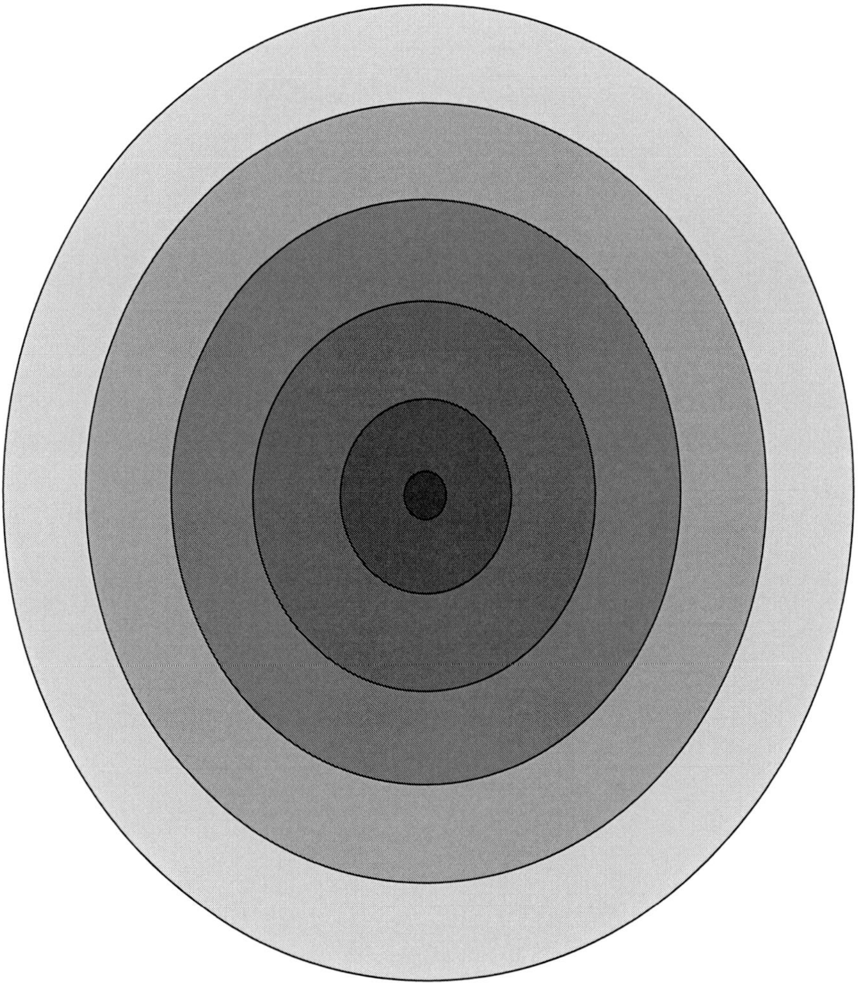

LEBENSTHEMEN ErfülltSein

Ängste

Lebensträume

Umgang mit Geld

Zukunfts-
perspektiven

Glaube/Gott

Hobbys

Begabungen
Fähigkeiten/Stärken
Kompetenzen

Verantwortungen

Ideologien
Überzeugungen

Kultureller
Hintergrund

Sozialer Status

Eltern

Geschwister

Erweiterte Herkunftsfamilie

Partnerschaft
Kommunikation, Sexualität, Konfliktfähigkeit usw.

Kinder Erziehung

Freunde

Bekannte

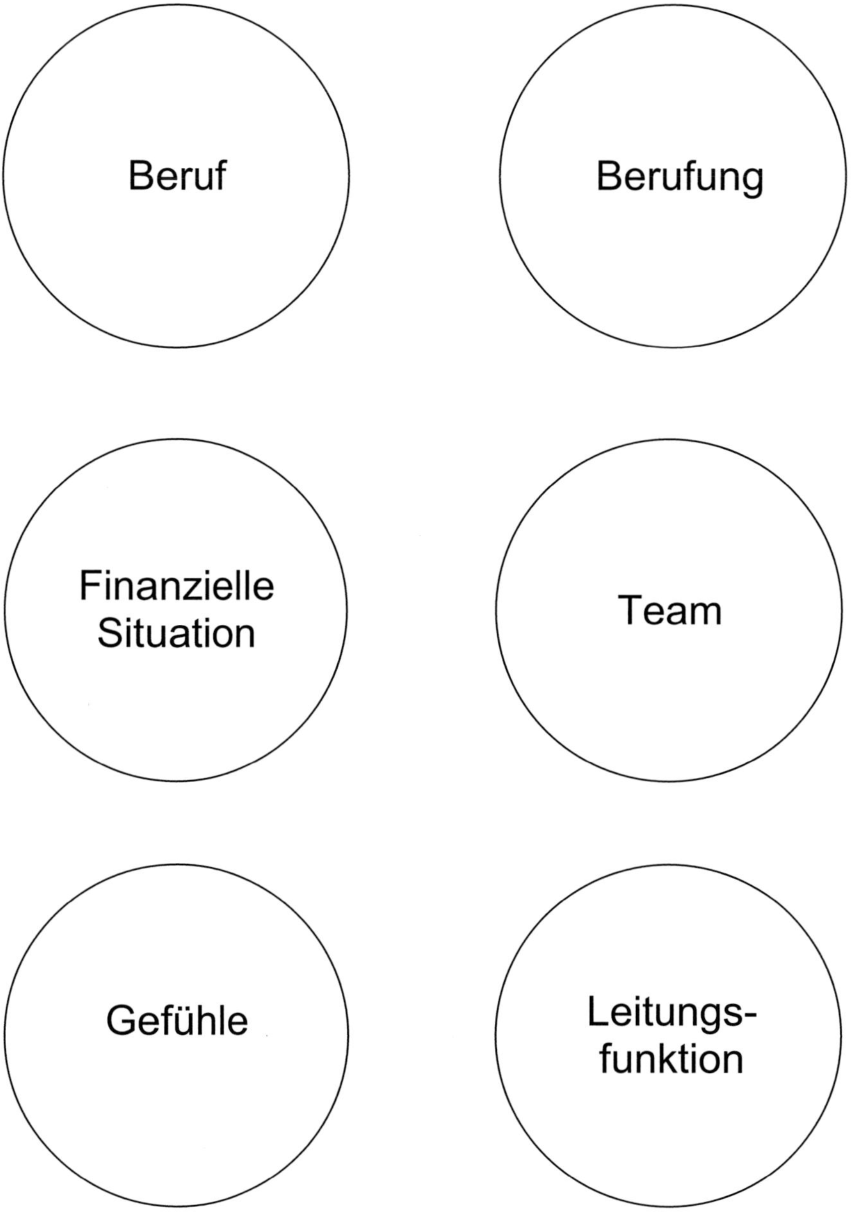
Beruf
Berufung
Finanzielle Situation
Team
Gefühle
Leitungs-funktion

Ehrenamtliche Tätigkeiten

Werte

Belastungen

Einschränkungen

Umgang mit der Zeit

Bedürfnisse

Körper
Intellekt

Werkzeug 4 LebensBereiche

1. EINFÜHRUNG

Das Werkzeug LebensBereiche lehnt sich an das Werkzeug ErfülltSein an. Natürlich kann es auch unabhängig davon mit grossem Gewinn erarbeitet werden. Auch bei diesem Werkzeug geht es um Ihre Identität. Fünf entscheidende LebensBereiche werden unter die Lupe genommen: **Umgang mit mir, Ich nach aussen, Umwelt, Beziehungen** und **Arbeit**.
Welche LebensBereiche beschäftigen mich besonders? Wie gestalte ich welche Bereiche? Welchen Bereichen gebe ich ein besonderes Gewicht? Was hat das für mich heute zu bedeuten? Wo liegt mein Potenzial, meine Chance, etwas zu bewirken? Wo stehe ich immer und immer wieder an, ungeachtet der äusseren Lebensumstände? Wie kann ich solche Hindernisse überwinden und daraus lernen?
Die LebensBereiche, die hier vorgestellt werden, gehören zu jedem Menschen. Es macht Spass zu entdecken, wie jeder Mensch die Bereiche individuell bewertet und ausfüllt. Die fünf LebensBereiche ergeben ein klärendes Bild: Wie geht es mir grundsätzlich und wo fehlt etwas Entscheidendes?
Das erworbene Wissen und die gewonnenen Erkenntnisse können gezielt in das Leben integriert werden.

2. ZIELE

Das Werkzeug LebensBereiche verfolgt diese Ziele:

1. Sie ordnen Ihre Lebensthemen den übergeordneten LebensBereichen zu.
2. Sie erkennen, welchen Stellenwert die verschiedenen Bereiche für Sie haben.
3. Sie klären, welche Bereiche Sie besonders beschäftigen.
4. Sie prüfen für sich, warum das so ist.
5. Sie prüfen für sich, ob bei einem oder mehreren LebensBereichen, auf Grund von Unzufriedenheit, Handlungsbedarf besteht.
6. Sie prüfen für sich, ob Sie bei einem oder mehreren LebensBereichen, auf Grund Ihrer hohen Wertung, etwas verändern oder Ihr Potenzial ausbauen wollen.
7. Sie legen fest, welche Bereiche Sie angehen möchten.
8. Sie definieren Ihr Veränderungsziel und halten klare und messbare Schritte fest.

3. MATERIAL

- LebensBereiche SCHRITT FÜR SCHRITT (Seiten 63 – 65)
- ARBEITSBLÄTTER LebensBereiche (Seiten 69 – 79)
- Legende LebensBereiche (Seite 70)
- Packpapier oder Flipchartblatt
- Grosse Zielscheibe als Vorbereitung auf Packpapier oder Flipchart vergrössern. (Seite 71)
- Weisse Punkte mit Lebensthemen als Vorbereitung ausschneiden. (Seiten 72 – 77)
- Weisse leere Punkte für zusätzliche Themen als Vorbereitung ausschneiden. (Seite 78)
- Farbige Punkte als Vorbereitung ausschneiden. (Seite 79)
- Notizpapier
- Kugelschreiber oder andere Stifte
- Fotoapparat

4. LebensBereiche SCHRITT FÜR SCHRITT

1. Übertragen Sie die Zielscheibe möglichst gross auf das Packpapier oder einen Flipchartbogen. Legen Sie nun die vergrösserte Zielscheibe vor sich auf den Tisch. Die unterschiedlichen Kreise und Grauabstufungen stehen für die Bedeutung, die Sie Ihren LebensBereichen und Lebensthemen beimessen. Die Mitte kennzeichnet die höchste Intensität, d.h. Sie bewerten die Punkte zur Mitte hin am stärksten/wichtigsten.

2. Nehmen Sie nun die ausgeschnittenen weissen Punkte mit den Lebensthemen zur Hand.

3. Legen Sie die Punkte entsprechend Ihrer Einstufung/Wichtigkeit auf die Zielscheibe Ihres Lebens. Wichtig: Es geht hier um Ihre ganz persönliche Bewertung. Lassen Sie sich nicht von äusseren Einflüssen leiten, sondern hören Sie nur auf sich selbst.
   Falls Ihnen Themen fehlen, schreiben Sie diese auf die leeren weissen Punkte und legen Sie sie am entsprechenden Platz auf der Zielscheibe hin. Nehmen Sie sich genug Zeit und verschieben Sie die Punkte mit den Lebensthemen so lange, bis die Einteilung für Sie stimmt.

   Achtung: Falls Sie das Werkzeug ErfülltSein schon angewendet haben, können Sie der Einfachheit halber das Foto Ihrer Darstellung hervornehmen und die Kreise dementsprechend auflegen. Auch wenn Sie diesen Weg wählen, prüfen Sie noch einmal für sich: Stimmt die Bewertung? Wenn nicht, passen Sie sie an.

4. Nehmen Sie nun die LEGENDE LebensBereiche (Seite 70) und die farbigen Punkte (Seite 79) zur Hand.

5. Ordnen Sie die farbigen Punkte mit Hilfe der Legende den verschiedenen Kreisen zu, die Sie auf der Zielscheibe platziert haben. Tun Sie dies, indem Sie auf jedes Lebensthema den entsprechenden farbigen Punkt legen.
   Jede Farbe steht für einen der vier übergeordneten LebensBereiche:

   - **Blau** steht für den LebensBereich **Umgang mit mir**.
   - Gelb steht für den LebensBereich **Ich nach aussen/Umwelt.**
   - **Rot** steht für den LebensBereich **Beziehungen.**
   - **Grün** steht für den LebensBereich **Arbeit**.

6. Damit Sie die Einteilung der Lebensthemen (weisse Kreise) und die zugeordneten LebensBereiche (farbige Punkte) auch später zur Hand haben, fotografieren Sie bitte die Zielscheibe mit Ihrer Auslegeordnung.

7. Nehmen Sie nun die Tabelle LebensBereiche (Seite 69) zur Evaluierung zur Hand.

8. Welche Farbe finden Sie am meisten zur Mitte hin, respektive welchen LebensBereich werten Sie am höchsten oder intensivsten? Schreiben Sie diesen Bereich auf der Tabelle in der linken Spalte zuoberst unter 1. ein.

9. Welche Farbe, respektive welchen LebensBereich werten Sie an zweiter Stelle? Schreiben Sie diesen Bereich auf der Tabelle in der linken Spalte an zweiter Stelle.

10. Verfahren Sie so weiter, bis Sie alle Farben, respektive LebensBereiche, bewertet und in der linken Spalte der Tabelle aufgeschrieben haben.

11. Nun arbeiten Sie mit Hilfe der Tabelle weiter.
Sie arbeiten zuerst Ihren LebensBereich Nr.1 durch. Gehen Sie zur **Spalte „Gestaltung"** und stellen Sie sich folgende Frage: Wie fülle ich diesen LebensBereich aus, wie setze ich ihn in meinem Alltag um?
Beim LebensBereich „Beziehungen" kann das z.B. bedeuten, dass Sie jede Woche mit einem Ihrer Kinder alleine Zeit verbringen, sich regelmässig mit Freunden treffen oder dass Sie mit Ihrem Partner/Ihrer Partnerin ein gemeinsames Hobby pflegen.

12. Sie sind immer noch bei Ihrem 1. LebensBereich. Gehen Sie zur **Spalte „Achtung"** und stellen Sie sich folgende Frage: Beschäftigt mich dieser LebensBereich, z.B. der LebensBereich „Beziehungen"? Wenn **ja**, fragen Sie sich, warum das so ist. Sind Sie unzufrieden? Möchten Sie sich intensiver mit diesem Bereich befassen? Möchten Sie Ihr Potenzial in diesem Bereich ausbauen? Beschäftigt Sie die Tatsache, dass Sie diesem LebensBereich einen so grossen oder kleinen Wert beimessen? usw. Schreiben Sie Ihre Antworten in das entsprechende Feld.
Beim LebensBereich „Umgang mit mir" könnte das z.B. bedeuten, dass Sie bemerken, dass Sie unzufrieden sind, weil Sie Ihren Bedürfnissen zu wenig Raum geben.

13. Sie sind immer noch bei Ihrem 1. LebensBereich. Gehen Sie nun zur **Spalte „Veränderung"**. Stellen Sie sich folgende Frage: Möchte ich auf Grund meiner Erkenntnisse in diesem Lebensbereich etwas verändern?
Wenn **ja**, was?
Beim Lebensthema „Bedürfnisse" kann das z.B. bedeuten, dass Sie in Zukunft Ihre Bedürfnisse konkreter wahrnehmen und sich regelmässig Zeit für sich selbst nehmen wollen.

14. Sie sind immer noch bei Ihrem 1. LebensBereich. Gehen Sie zur letzten **Spalte „Umsetzung"**. Hier wird es konkret. Stellen Sie sich folgende Frage: Wie will/kann ich meine gewünschte Veränderung umsetzen? Seien Sie konkret. Teilen Sie Ihr Ziel in gut machbare kleine Zwischenziele auf. Schreiben Sie Ihr Ziel und die dazu führenden Teilschritte auf. Um Ihren Erfolg zu sichern, denken Sie daran, dass es ein **SMART**es Ziel sein muss.

    S steht für **S**pezifisch
    M steht für **M**essbar
    A steht für **A**ttraktiv
    R steht für **R**ealistisch
    T steht für **T**erminiert

15. Gehen Sie nun zu Ihrem 2. LebensBereich und bearbeiten Sie, wie unter 11. bis 14. beschrieben, Spalte für Spalte durch.

16. Gehen Sie nun zu Ihrem 3. LebensBereich und bearbeiten Sie, wie unter 11. bis 14. beschrieben, Spalte für Spalte durch.

17. Gehen Sie nun zu Ihrem 4. LebensBereich und bearbeiten Sie, wie unter 11. bis 14. beschrieben, Spalte für Spalte durch.

18. Sicher haben Sie in der **Spalte „Umsetzung"** mehr als zwei Ziele definiert. Entscheiden Sie sich, welches Ziel oder – wenn Ihnen dies nicht genügt – welche zwei Ziele Sie als erstes angehen wollen.
    Gönnen Sie sich für die Umsetzung genügend Zeit. Verhaltensänderungen benötigen viele Wochen, bis sie zu neuen Gewohnheiten werden. Darum ist es so wichtig, dass Ihre Ziele **SMART** und damit für Sie attraktiv und realistisch sind!
19. Wenn Sie Ihr Ziel/Ihre Ziele erreicht haben, halten Sie inne und machen Sie sich bewusst, was Sie erreicht haben. Sie haben Grossartiges geleistet!
20. Nehmen Sie sich nun in der **Spalte „Umsetzung"** das nächste/die nächsten Ziel/e vor und gehen Sie diese, wie unter 14. beschrieben, mutig an.

Haben Sie das Werkzeug fertig bearbeitet?
Dann lesen Sie hier und freuen Sie sich!

❋ ❋

Herzliche Gratulation! Sie haben viel gearbeitet.

Mit dem Werkzeug **LebensBereiche** haben Sie sich das grosse Bild Ihres Lebens vor Augen geführt. Diese Perspektive haben Sie genutzt, um **Mut machende, nachhaltige** und **stärkende Entwicklungsschritte** zu tun.

5. VERTIEFUNG

Übung 1:

Zusätzlichen Nutzen ziehen Sie aus dem Werkzeug LebensBereiche, wenn eine Person, die Ihnen nahe steht, die gleiche Übung macht und Sie sich dann über die Ergebnisse austauschen.
Dabei ist es wichtig, dass Sie die Erkenntnisse der anderen Person nicht werten, sondern versuchen, sich in sie hineinzuversetzen und ihren Blickwinkel einzunehmen.
Wenn Ihnen beiden das gelingt, wird es Ihre Beziehung ausserordentlich bereichern. Zugleich können Sie sich gegenseitig bei der Umsetzung Ihrer Ziele unterstützen und ermutigen.

1. Arbeiten Sie beide das Werkzeug LebensBereiche unabhängig voneinander durch.

2. Wenn Sie soweit sind, vereinbaren Sie gemeinsam einen Termin und halten Sie sich genügend Zeit frei (mind. 2 Stunden).

3. Entscheiden Sie, welche Person mit dem Erzählen beginnt und wer zuerst Zuhörer ist.

4. Der Erzähler zeigt dem Zuhörer das Foto seiner Zielscheiben-Auslegung und erklärt ihm anhand der Tabelle Schritt für Schritt seine Erkenntnisse. Er beginnt mit dem am stärksten bewerteten LebensBereich und arbeitet sich von Spalte zu Spalte durch. Nun geht er zum zweiten LebensBereich und arbeitet sich wiederum erklärend von Spalte zu Spalte durch. Der Erzähler verfährt so weiter, bis er dem Zuhörer alle seine 4 LebensBereiche erklärt und verständlich gemacht hat.

5. Der Zuhörer hört genau zu. Er darf den Erzähler nur unterbrechen, wenn er etwas nicht versteht. Er gibt **keine** Kommentare ab. Es geht hier nicht um sein Leben, sondern um das Leben seines Partners/seiner Partnerin oder seines Freundes/seiner Freundin.
   Aktiv und aufmerksam zuhören ist eine hohe Kunst! Sie vermittelt dem Erzähler Wertschätzung und Respekt und hilft dem Zuhörer, sein Gegenüber mit allen Sinnen wahrzunehmen.

6. Tauschen Sie sich nun darüber aus, wie Sie sich als Erzähler und als Zuhörer gefühlt haben. Was ist Ihnen in Ihrer Rolle aufgefallen? Was war schwer? Welche Erkenntnisse haben Sie gewonnen? Welche positiven Auswirkungen könnte die gemeinsame Erfahrung und der gegenseitige Austausch auf Ihre Beziehung haben?

7. Tauschen Sie nun die Rollen und arbeiten Sie auf die gleiche Weise die Punkte 4. bis 6. durch.

8. Welche neuen Erkenntnisse über sich selbst konnten Sie über das Erzählen gewinnen? Schreiben Sie diese auf.

9. Welche neuen Erkenntnisse über sich selbst konnten Sie über das Zuhören gewinnen? Schreiben Sie diese auf.

Übung 2:

Diese Übung ist etwas für Beziehungsprofis. Das heisst, sie setzt Vertrauen, gegenseitigen Respekt und Wertschätzung voraus. Sie werden gleich merken, warum das so ist.
In dieser Übung geht es darum, dass Sie die Umsetzung Ihrer Ziele gegenseitig prüfen. Das heisst, der Partner/die Partnerin darf die aufgeschriebenen Ziele des anderen in der **Spalte „Umsetzung"** anhand des **SMART**-Rasters hinterfragen. Es geht hier nicht um ein Kontrollieren oder Dreinreden, sondern darum, zu überprüfen, ob die Umsetzung im Alltag auch wirklich zum gewünschten Erfolg führen kann.

1. Entscheiden Sie gemeinsam, wer von Ihnen als erstes die Ziele zur Prüfung „ans Licht" hält und somit die Rolle des Erzählers einnimmt.

2. Der Erzähler nimmt die Tabelle zur Hand und konzentriert sich auf den ersten LebensBereich und die **Spalte „Umsetzung".** Er erklärt dem Zuhörer, wie die Umsetzung des ersten LebensBereiches konkret aussehen wird.

3. Der Zuhörer hört sich die Erklärung an. Dann stellt er dem Erzähler folgende Frage: Ist die Umsetzung **spezifisch**? Wenn **ja**, super! Wenn **nein**, überlegt sich der Erzähler, wie er die Umsetzung spezifisch/konkret ausformulieren kann. Wenn der Erzähler will, darf er den Zuhörer um Rat fragen. Die Prüfung muss zur Zufriedenheit beider ausfallen.

4. Nun stellt der Zuhörer folgende Frage: Ist die Umsetzung **messbar**? Wenn **ja**, super! Wenn **nein**, überlegt sich der Erzähler, wie er die Umsetzung messbar formulieren kann. Wenn der Erzähler will, darf er den Zuhörer um Rat fragen. Die Prüfung muss zur Zufriedenheit beider ausfallen.

5. Der Zuhörer stellt folgende Frage: Ist die Umsetzung **attraktiv**? Wenn **ja**, super! Wenn **nein**, überlegt sich der Erzähler, ob dieses Ziel überhaupt erstrebenswert ist. Wenn die Antwort darauf ein **ja** ist, überlegt er sich, wie er die Umsetzung attraktiv(er) gestalten und formulieren kann. Wenn der Erzähler will, darf er den Zuhörer um Rat fragen. Die Prüfung muss zur Zufriedenheit beider ausfallen.

6. Der Zuhörer stellt folgende Frage: Ist die Umsetzung **realistisch**? Wenn **ja**, super! Wenn **nein**, überlegt sich der Erzähler, wie er die Umsetzung realistisch formulieren kann. Wenn der Erzähler will, darf er den Zuhörer um Rat fragen. Die Prüfung muss zur Zufriedenheit beider ausfallen.
   Achtung: Nehmen Sie sich lieber ein kleines realistisches Ziel vor, das Sie 100% erreichen werden!

7. Der Zuhörer stellt folgende Frage: Ist die Umsetzung **terminiert**? Wenn **ja**, super! Wenn **nein**, überlegt sich der Erzähler, wie er die Umsetzung terminiert. Wenn der Erzähler will, darf er den Zuhörer um Rat fragen. Die Prüfung muss zur Zufriedenheit beider ausgefallen.

8. Wechseln Sie beide nun die Rollen und arbeiten Sie gemeinsam die Punkte 2. bis 7. durch.

9. Vereinbaren Sie zum Schluss, wie Sie sich gegenseitig im Erreichen Ihrer Ziele unterstützen wollen. Regelmässiges Nachfragen und Ermutigen, aber auch regelmässig „Rechenschaft" ablegen, ist Gold wert, wenn Sie Ihre Ziele wirklich erreichen wollen.

Diese Übung wird Ihre Beziehung nachhaltig stärken und vertiefen. Zugleich steigern Sie durch die Teamarbeit Ihre Erfolgsquote: Ein Gewinn auf beiden Seiten!

6. PERSÖNLICHES COACHING – UNSER **BONUS** FÜR **SIE**

Haben Sie Fragen zum Werkzeug LebensBereiche?

Kommen Sie beim Werkzeug LebensBereiche nicht mehr weiter?

Möchten Sie mir eine Rückmeldung zum Inhalt geben?

Schreiben Sie mir Ihre Fragen, Anliegen und Anregungen per E-Mail unter:

info@leben-bewegen.ch

Meine weiteren Kontaktdaten:

Leben Bewegen
Sibylla Haas
Bahnhofstrasse 15
CH-8570 Weinfelden

www.leben-bewegen.ch

+41 (0)79 253 15 32

Ich freue mich auf den Kontakt mit Ihnen!

7. ARBEITSBLÄTTER LebensBereiche

Lebensbereich	Gestaltung	Achtung	Veränderung	Umsetzung
1				
2				
3				
4				

LEGENDE LebensBereiche

Umgang mit mir - blau:

Körper (Ernährung, Bewegung, Sexualität)
Intellekt
Gefühle
Bedürfnisse/Werte
Lebensträume
Ängste
Belastungen (Verletzungen, Lebenskrisen)
Einschränkungen
Zukunftsaussichten/Perspektiven
Umgang mit Zeit
Umgang mit Geld

Ich nach aussen / Umwelt - gelb:

Glaube/Gott
Hobbys
Begabungen (Fähigkeiten, Stärken, Kompetenzen)
Verantwortungen
Ideologien/Überzeugungen
Kultureller Hintergrund
Sozialer Status

Beziehungen - rot:

Partnerschaft (Kommunikation, Sexualität, Konfliktfähigkeit)
Eltern
Geschwister
Erweiterte Herkunftsfamilie
Kinder/Erziehung
Freunde
Bekannte

Arbeit - grün:

Beruf/Berufung
Ehrenamtliche Tätigkeit
Finanzielle Situation
Team
Verantwortung
Leitungsfunktion

Die weissen leeren Kreise sind für allfällige weitere Themen.

ZIELSCHEIBE

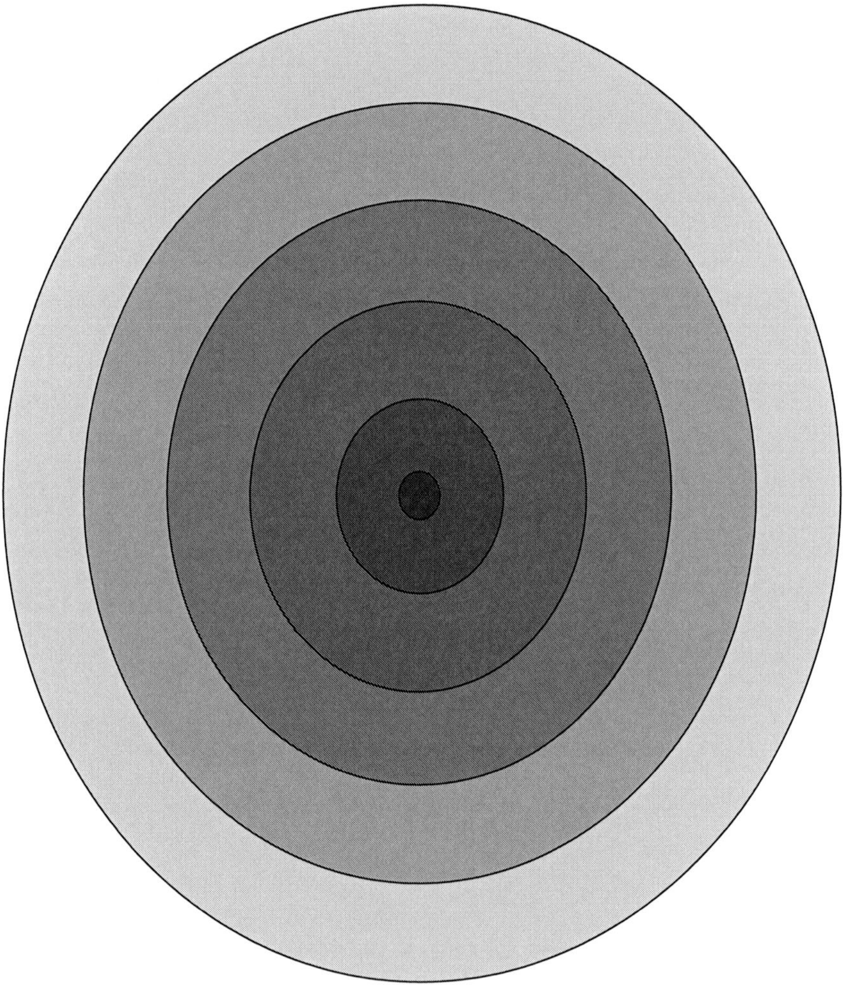

LEBENSTHEMEN **Umgang mit mir**

Körper
Ernährung, Bewegung, Sexualität

Intellekt

Gefühle

Bedürfnisse
Werte

Belastungen
Verletzungen
Lebenskrisen

Einschränkungen

Ängste

Lebensträume

Umgang mit Zeit

Umgang mit Geld

Zukunfts-
aussichten
Perspektiven

LEBENSTHEMEN Ich nach aussen / Umwelt

Glaube/Gott

Hobbys

Begabungen
Fähigkeiten/Stärken
Kompetenzen

Verantwortungen

Ideologien
Überzeugungen

Kultureller
Hintergrund

Sozialer Status

LEBENSTHEMEN **Beziehungen**

Partnerschaft
Kommunikation, Sexualität, Konfliktfähigkeit

Eltern

Geschwister

Erweiterte Herkunftsfamilie

Kinder
Erziehung

Freunde

Bekannte

LEBENSTHEMEN **Arbeit**

Beruf
Berufung

Ehrenamtliche
Tätigkeiten

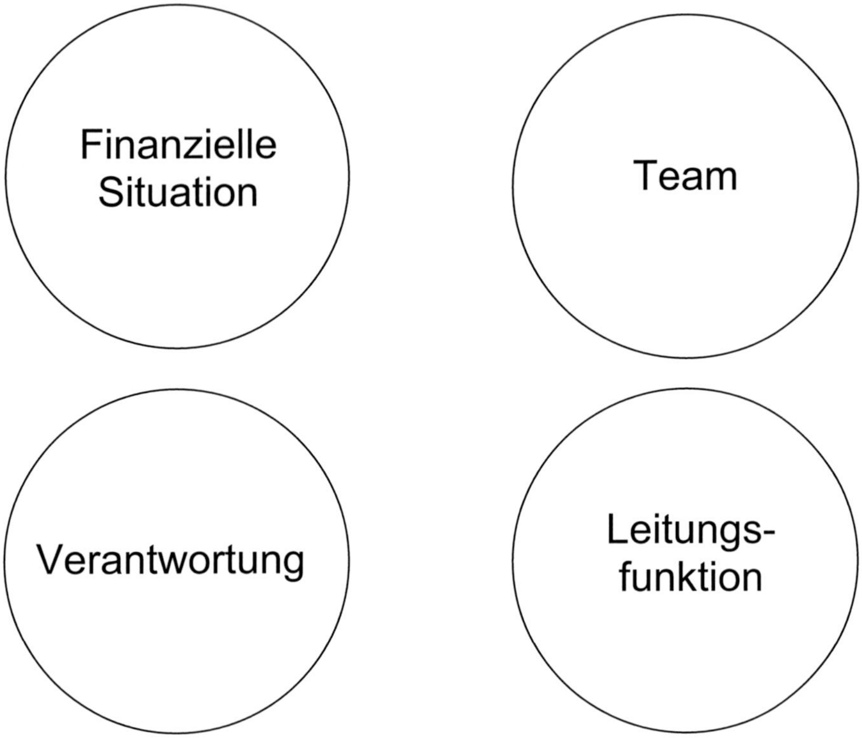
Finanzielle Situation
Team
Verantwortung
Leitungs-funktion

FARBIGE PUNKTE

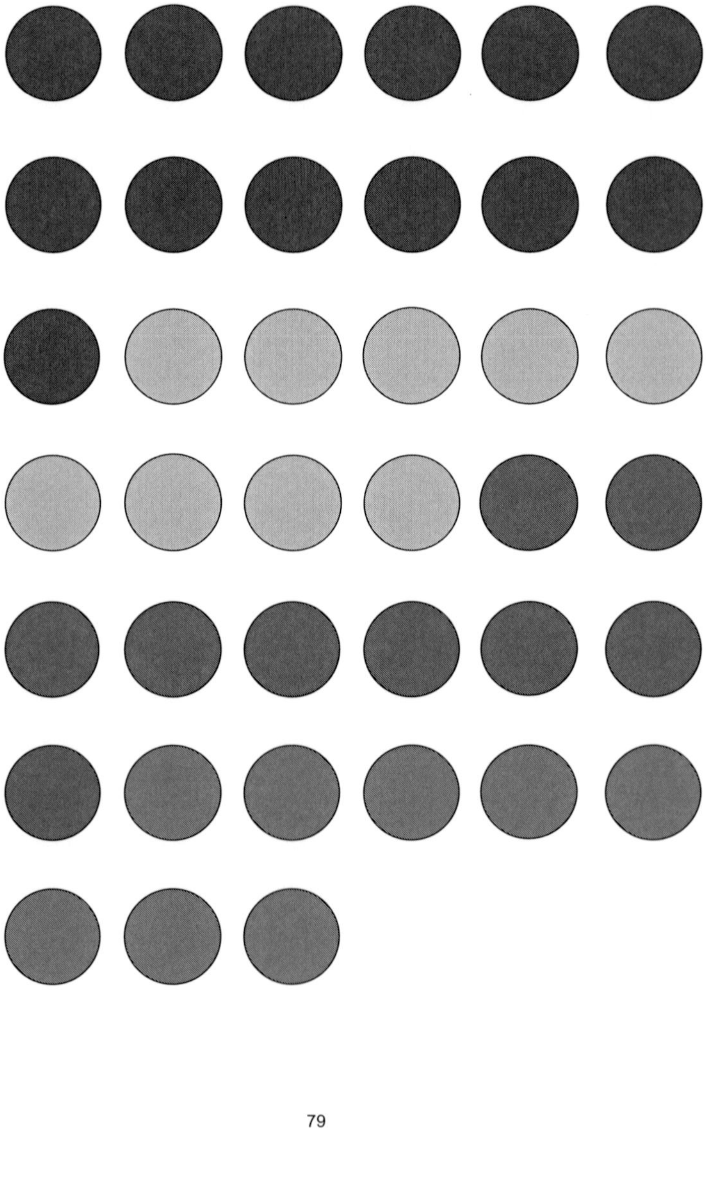

you arise

Werkzeug 5 KraftPotenzial

1. EINFÜHRUNG

Jeder Mensch hat ein grosses KraftPotenzial an Stärken, Gaben, Fähigkeiten, Kompetenzen und Talenten. Dieses KraftPotenzial ist grundlegend für unseren Selbstwert und unser Selbstvertrauen und wartet nur darauf, sich voll entfalten zu können.
Wenn wir den Wunsch verspüren, uns als Mensch weiterzuentwickeln, dann brauchen wir dafür eine solide Basis. Wir müssen wissen, wer wir sind und was uns ausmacht. Aufbauen können wir nur auf dem, was vorhanden und uns bewusst ist.
Achtung: Sich auf die eigenen Schwächen zu konzentrieren bringt nichts und frustriert nur.
Wenn wir uns aber unserer Stärken bewusst werden und sie in unseren Alltag einbauen und leben, werden unsere Schwächen von selbst in den Hintergrund gedrängt und nehmen eine kleinere Rolle ein.
Es lohnt sich für Sie, Ihre Stärken, Gaben, Fähigkeiten, Kompetenzen und Talente zu entdecken und sie sich bewusst zu machen!

2. ZIELE

Das Werkzeug KraftPotenzial verfolgt diese Ziele:

1. Sie entdecken Ihr grosses und einzigartiges Potenzial an Stärken und Fähigkeiten.
2. Sie können Ihr KraftPotenzial klar formulieren: Ich kann/bin gut in ....
3. Sie beziehen dazu Ihr nächstes Umfeld mit ein, was die Fremdwahrnehmung Ihrer Person offenbart.
4. Sie erkennen Ihr typisches KraftPotenzial, das sich wie ein roter Faden durch Ihr Leben zieht.
5. Sie erhalten die Grundlage, um auf Ihren Stärken aufbauen zu können und Ihre Stärken bewusst in Ihren beruflichen wie privaten Alltag zu integrieren.

3. MATERIAL

- KraftPotenzial SCHRITT FÜR SCHRITT (Seiten 82 – 84)
- ARBEITSBLÄTTER KraftPotenzial (Seiten 87 – 91)
- 50 bis 100 verschiedenfarbige kleine Zettel, Post-it oder Kärtchen
- etwa 10 weisse A5 Blätter
- Schreiber (Filzstifte, Farbstifte, Kugelschreiber)
- evtl. Fotoapparat

4. KraftPotenzial SCHRITT FÜR SCHRITT

1. Die folgenden Fragen zielen alle auf Ihre Stärken, Gaben, Fähigkeiten, Kompetenzen und Talente. Nehmen Sie sich genug Zeit, um sie genau zu beantworten. Seien Sie grosszügig mit sich selbst.
   Schreiben Sie jede einzelne Stärke auf einen farbigen Zettel, ein Kärtchen oder ein Post-it. Legen Sie diese Zettel alle gut sichtbar vor sich auf den Tisch.
   Achtung: Eine Fähigkeit oder Stärke zu haben bedeutet nicht, dass sie 100% perfekt sein muss!

   Denken Sie beim Beantworten der folgenden Fragen ...

   Was sind Ihre Stärken?
   Was können Sie recht gut?
   Was können Sie so richtig gut?
   Was können Sie ausgezeichnet?
   Was gefällt Ihnen an sich und welche Stärken können Sie davon ableiten?
   Welche Fähigkeiten und Kompetenzen (beruflich und privat) haben Sie sich angeeignet?
   Welche speziellen Wahrnehmungen haben Sie?
   Welche Stärken und Fähigkeiten im Umgang mit anderen Menschen haben Sie?
   Welche Stärken und Fähigkeiten im Umgang mit sich selbst haben Sie?
   Welche praktischen Stärken und Fähigkeiten haben Sie?
   Welche Denkfähigkeiten haben Sie?
   Wo kommt Ihre Sensibilität zum Tragen und welche Stärken können Sie davon ableiten?
   Welche Bedürfnisse haben Sie und welche Stärken können Sie davon ableiten?
   Welche Werte haben Sie und welche Stärken können Sie davon ableiten?

   ... an **jeden** der folgenden Lebensbereiche/Lebensthemen. Gehen Sie jede Frage bei jedem Lebensbereich/Lebensthema durch und graben Sie tief!

   - Umgang mit mir
   - Partnerschaft
   - Familie
   - Freunde
   - Arbeit
   - Freizeit
   - Spiritualität/Glaube
   - Umgang mit der Zeit
   - Umgang mit Geld

2. Wenn Sie meinen, mit Ihrer Auslegeordnung fertig zu sein, nehmen Sie das Arbeitsblatt KraftPotenzial (Seite 87) zur Hand. Schreiben Sie unter dem entsprechenden Titel alle Menschen auf, die Ihnen nahe stehen und deren Meinung Ihnen wichtig ist. In der Folge wird jede einzelne dieser Personen befragt.

3. Entscheiden Sie sich für eine dieser Personen (Person A).

4. Verlassen Sie nun nach Möglichkeit den Raum, in dem Sie sich gerade befinden und schlüpfen Sie in die Rolle Ihrer gewählten Person A. Kommen Sie nun als diese Person zurück in den Raum.

5. Beantworten Sie nun als Person A alle Fragen, die Sie unter 1. finden:
   Was sind die Stärken von .... (Ihr Name)?
   Was kann .... (Ihr Name) recht gut?
   Was kann .... (Ihr Name) richtig gut?
   Was kann .... (Ihr Name) ausgezeichnet?
   usw.
   Schreiben Sie als Person A jede einzelne Stärke (auch wenn Sie vorgängig schon von Ihnen aufgeschrieben wurde) auf neue farbige Zettel oder Post-it. Legen Sie diese Zettel wiederum vor sich auf den Tisch.

6. Verlassen Sie nun als Person A den Raum und kommen Sie wieder als Sie selbst zurück.

7. Entscheiden Sie sich nun für die nächste Person (Person B) auf Ihrer Liste.

8. Verlassen Sie nun wiederum nach Möglichkeit den Raum und schlüpfen Sie in die Rolle Ihrer gewählten Person B. Kommen Sie nun als diese Person zurück in den Raum.

9. Beantworten Sie jetzt als Person B alle Fragen.
   Schreiben Sie als Person B wieder jede einzelne Stärke oder Fähigkeit auf einen Zettel und legen Sie sie vor sich auf den Tisch.
   Machen Sie so weiter, bis alle Personen auf Ihrer Liste Stellung bezogen und Antworten gegeben haben.
   Natürlich können Sie einige oder alle diese Personen auch persönlich fragen.

10. Sie haben den ersten grossen Schritt geschafft! Betrachten Sie nun die Fülle an (farbigen) Zetteln vor sich. Wie ist das für Sie? Wie fühlen Sie sich? Nehmen Sie die Arbeitsblätter KraftPotenzial hervor und schreiben Sie Ihre Gedanken und Gefühle auf (Seite 87).

11. Wenn Sie alle Ihre Stärken und Fähigkeiten sehen, was fällt Ihnen auf? Welche Stärken sind doppelt, dreifach oder sogar öfters vorhanden? Ordnen Sie die beschriebenen Zettel oder Post-it nach **Ihrem** Gutdünken. Ergibt sich ein Bild? Sehen Sie einen roten Faden, der sich durch Ihr Leben zieht? Schreiben Sie Ihre Erkenntnisse auf (Seite 88).

12. Fragen Sie sich nun auf Grund Ihrer Erkenntnisse, ob Sie die Zettel Kategorien zuordnen können und wie Sie diese benennen wollen. Schreiben Sie die Kategorien auf die Arbeitsblätter (Seite 89 – 91).

13. Nehmen Sie jetzt die weissen A5-Blätter zur Hand. Schreiben Sie jede Kategorie auf ein separates Blatt. Legen Sie die beschrifteten A5-Blätter vor sich auf den Tisch.

14. Ordnen Sie die farbigen Stärken-Zettel Ihren Kategorien zu. Schieben Sie dabei die Zettel so lange hin und her, bis Sie mit der Auslegeordnung zufrieden sind. Wenn nötig, fügen Sie neue Kategorien hinzu.
    Was fällt Ihnen auf? Machen Sie sich dazu Notizen auf der Seite 88.

15. Zum Schluss notieren Sie auf den Seiten 89 – 91 alle Ihre Stärken passend zu den Kategorien. Natürlich können Sie Ihre Auslegeordnung auch fotografieren. Es ist wichtig, dass Sie Ihre Erkenntnisse festhalten, damit Sie jederzeit auf sie zurückgreifen können.
    Was für ein schöner Anblick! So viele Stärken!

Und denken Sie daran:
Wann immer Sie entmutigt sind, es Ihnen an Selbstvertrauen mangelt oder Sie an sich zweifeln: Fokussieren Sie sich – anstatt auf ihr (vermeintliches) Unvermögen – auf Ihr beachtliches KraftPotenzial, das nun auf den Seiten 89 – 91 gut sichtbar vor Ihnen liegt!

Haben Sie das Werkzeug fertig bearbeitet?
Dann lesen Sie hier weiter und freuen Sie sich!

❋ ❋

Herzliche Gratulation! Sie haben viel gearbeitet.

Sie sind ein Mensch mit einem grossen **KraftPotenzial** an Gaben, Fähigkeiten, Kompetenzen und Stärken.
Nutzen und geniessen Sie **Ihr beachtliches Potenzial**! Es wird Ihren **Mut** vergrössern und Ihre **Stärke** festigen.

5. VERTIEFUNG

Sie haben sich ein beträchtliches KraftPotenzial erarbeitet.
Herzliche Gratulation! Freuen Sie sich an Ihren Stärken und Fähigkeiten.
Niemand ist so wie Sie!

Übung 1:

Wenn Sie sich nachhaltig stärken wollen, überlegen Sie sich, welchen Stärken Sie in Zukunft mehr Beachtung schenken möchten. Entscheiden Sie sich für 1 - 2 Stärken. In welchen Lebensbereichen kommen diese Stärken zum Tragen? In welchen Lebensbereichen können Sie diese Stärken (neu) bewusst einsetzen?
Nehmen Sie 1 – 2 Stärken in den Fokus und reflektieren Sie jeden Abend: Wo und wann habe ich die Stärke X eingesetzt? Machen Sie sich Notizen.
Werden Sie sich Ihrer Stärken immer bewusster. Wie geht es Ihnen dabei? Welche positiven Auswirkungen hat das bewusste Einbringen Ihrer Stärken auf Ihren Alltag, Ihr Berufsleben oder Ihre Beziehungen?
Wechseln Sie nach ca. zwei Wochen die Stärke/n, die Sie in den Fokus nehmen.

Übung 2:

Führen Sie ein KraftPotenzial Tagebuch! Schreiben Sie 100 Tage lang auf, welche Stärken an jedem einzelnen Tag zum Tragen kamen. Sie können sich auch sagen: 100 Tage lang schreibe ich jeden Tag 5 Stärken auf, die ich in meinem Alltag erkennen und auch integrieren konnte. Um den Überblick zu wahren, könnten Sie sich dazu eine Tabelle anlegen. Sie werden durch diese Übung nachhaltig gestärkt und werden Ihr KraftPotenzial spüren - garantiert!

Übung 3:

Schauen Sie ein Jahr lang einmal wöchentlich (zu einem definierten Zeitpunkt) auf Ihr erarbeitetes KraftPotenzial und halten Sie Ihre Erlebnisse/Erkenntnisse fest. Was denken Sie? Worüber freuen Sie sich? Welche Stärken sind momentan wichtig? Auf welche Stärken wollen Sie den Fokus legen, damit diese Stärken Ihnen bewusster werden? ...
Sie lernen dabei Ihr KraftPotenzial und auch sich selbst besser kennen. Zudem lernen Sie durch Ihre Reflexion, was Ihr KraftPotenzial für Sie bedeutet.

6. PERSÖNLICHES COACHING – UNSER **BONUS** FÜR **SIE**

Haben Sie Fragen zum Werkzeug KraftPotenzial?

Kommen Sie beim Werkzeug KraftPotenzial nicht mehr weiter?

Möchten Sie mir eine Rückmeldung zum Inhalt geben?

Schreiben Sie mir Ihre Fragen, Anliegen und Anregungen per E-Mail unter:

info@leben-bewegen.ch

Meine weiteren Kontaktdaten:

Leben Bewegen
Sibylla Haas
Bahnhofstrasse 15
CH-8570 Weinfelden

www.leben-bewegen.ch

+41 (0)79 253 15 32

Ich freue mich auf den Kontakt mit Ihnen!

ARBEITSBLÄTTER KraftPotential

Personen, deren Meinung mir wichtig ist:

Meine Gedanken und Gefühle:

Meine Erkenntnisse:

Was mir auffällt:

Kategorien	Stärken, Fähigkeiten

Kategorien	Stärken, Fähigkeiten

Kategorien	Stärken, Fähigkeiten

Werkzeug 6 WertBedürfnisse

1. EINFÜHRUNG

Wissen Sie, warum Sie etwas mögen und anderes nicht ausstehen können? Und damit meine ich nicht Lebensmittel oder Gegenstände, sondern eigenes und fremdes Verhalten, das Sie auf die Palme bringt oder eigenes und fremdes Verhalten, das Sie glücklich und zufrieden macht. Wissen und verstehen Sie, warum Sie sich in Ihrem Beruf so wohl fühlen oder eben, warum Sie Ihre Arbeit nicht befriedigt? Sind Sie sich schon auf die Schliche gekommen, warum Ihr Partner/Ihre Partnerin Sie in manchen Dingen so nervt und in anderen auch wieder nicht?
Was uns stört, wichtig ist, freut, ärgert usw. basiert auf unseren individuellen Werten, die sich in unserer Kindheit entwickelt haben. Schon als junger Mensch haben wir jede Situation gedeutet und bewertet. Wir haben viel gesehen und gehört – immer und immer wieder – und alles wurde **unbewusst** in uns abgelegt. Mit der Zeit haben sich gewisse Meinungen und Werte in uns verfestigt. Sie können sich das so vorstellen, wie wenn Sie 100 x den gleichen Weg in einer Wiese gehen. Die Spuren verdeutlichen sich mit jedem Mal. Der Weg wird mit der Zeit klar sichtbar.
Auch im Laufe Ihres Lebens wussten Sie mit der Zeit, was richtig und wichtig und für Sie **wert-voll** ist. Die meisten Ihrer Werte-Spuren sind seit Ihrer Kindheit Bestandteil Ihres Lebens. Wieder andere sind in Ihrer Jugend und einige auch später noch dazu gekommen. Diese Werte bei sich kennen zu lernen, erleichtert das eigene Verstehen und auch das Verstehen von anders-wertigen Menschen.
Am glücklichsten sind Menschen, die in Übereinstimmung mit ihren Werten leben. Hinter unseren Werten stecken unsere tiefsten Bedürfnisse. Unglückliche Menschen leben meist nicht im Einklang mit ihren Werten. Und genau deswegen ist dieses Werkzeug WertBedürfnisse so wichtig.
Lernen Sie Ihre Werte kennen!

2. ZIELE

Das Werkzeug WertBedürfnisse verfolgt diese Ziele:

1. Sie lernen verschiedenste Werte und Bedürfnisse kennen.
2. Sie finden heraus, welche Werte und Bedürfnisse Ihnen wichtig sind.
3. Sie erarbeiten Ihre 10 wichtigsten Werte.
4. Sie verknüpfen Ihr momentanes Leben mit Ihren Werten und können sich dadurch besser verstehen.
5. Sie lernen einen Weg kennen, wie Sie Ihre wichtigsten Werte bewusster in Ihr Leben einbauen können.

3. MATERIAL

- WertBedürfnisse SCHRITT FÜR SCHRITT (Seiten 94 + 95)
- ARBEITSBLÄTTER WertBedürfnisse (Seiten 98 – 103)
- Bleistift und Leuchtmarker oder Farbstift
- Notizpapier

4. WertBedürfnisse SCHRITT FÜR SCHRITT

1. Drucken Sie als Vorbereitung alle Arbeitsblätter aus oder kopieren sie die Blätter. (Seiten 98 – 103)

2. Lesen Sie zuerst alle Werte und Bedürfnisse in Ruhe durch. (Seite 98 + 99)

3. Nehmen Sie nun einen Bleistift zur Hand.

4. Bewerten Sie die einzelnen Werte und Bedürfnisse auf Ihre persönliche Wichtigkeit. Grundsätzlich haben Sie die Zahlen 0 (überhaupt nicht wichtig) bis 10 (extrem wichtig) zur Verfügung.
   Streichen Sie Werte durch, die für Sie überhaupt keine Bedeutung haben.
   Da wir uns bei dieser Übung nur auf unsere wichtigen Werte konzentrieren, markieren Sie mit einem Bleistift nur die Werte und Bedürfnisse, die **über 5** liegen.

5. Nehmen Sie nun einen Leuchtmarker oder Farbstift zur Hand.

6. In der zweiten Runde beschäftigen Sie sich mit den Werten und Bedürfnissen, die Sie bereits markiert haben, also mit denjenigen, die **über 5** liegen. Welche dieser Werte und Bedürfnisse sind Ihnen **extrem wichtig** und liegen Ihnen so richtig am Herzen? Markieren Sie diese mit einem Leuchtmarker oder Farbstift.

7. Wenn Sie merken, dass Werte und Bedürfnisse in der Liste fehlen, so ergänzen Sie diese am Ende des zweiten Werte-Blattes. Benutzen Sie dazu die leeren Felder. Verfahren Sie gleichermassen mit diesen neuen Werten und markieren Sie solche, die Ihnen **extrem wichtig sind**.

8. Gehen Sie bei den Arbeitsblättern zur Liste „Meine 10 TOP-Werte“ (Seite 100). Nun geht es an die Feinarbeit!

9. Sie haben 10 Plätze zur Verfügung. Welche Werte und Bedürfnisse, die Sie mit Farbe markiert haben, verdienen einen Platz unter den ersten 10? Auf welche Werte und Bedürfnisse können und werden Sie NIE verzichten (wollen)? Was brauchen Sie zu Ihrem Glück?
   Natürlich dürfen Sie auch nur 8 oder 9 Werte bestimmen oder auch 11 oder 12. Ich empfehle Ihnen aber dringend, sich auf Ihre wichtigsten Werte zu beschränken.
   Nun geht es los: Markieren Sie diese Werte gut sichtbar mit einer neuen Farbe oder auf eine neue Art. Seien Sie nicht frustriert, wenn Ihnen die Auslese nicht auf Anhieb gelingt. Bei den meisten Menschen braucht es einige Zeit und oft auch einige Durchgänge, bis Sie die innere Sicherheit haben: **Das sind meine TOP Werte!**

10. Wenn Sie mit Ihrer Auswahl zufrieden sind, schreiben Sie Ihre Top-Werte auf der Seite 100 auf.

11. Betrachten und bedenken Sie nun verschiedene Lebensthemen wie z.B.

    - Umgang mit mir
    - Partnerschaft
    - Familie
    - Freunde
    - Arbeit
    - Freizeit
    - Spiritualität/Glaube
    - Umgang mit Zeit
    - Umgang mit Geld

12. Wie sehen diese Lebensthemen aus dem Blickwinkel Ihrer Top-Werte aus? Kommen Ihre Top-Werte in allen Lebensthemen vor?
    Wie stark kommen Ihre Werte in den jeweiligen Lebensthemen vor?
    Wie glücklich sind Sie mit Ihren jeweiligen Lebensthemen, verbunden mit den Werten?
    Nehmen Sie dazu als Hilfe die angefügten Listen, die Sie auf den Seiten 101 bis 103 finden und füllen Sie sie aus.

13. Natürlich steht es Ihnen frei, selber für weitere Lebensthemen Listen zu erstellen, indem Sie eine der Seiten 101 bis 103 nochmalig oder mehrmalig ausdrucken oder kopieren.

Haben Sie das Werkzeug fertig bearbeitet?
Dann lesen Sie hier weiter und freuen Sie sich!

❋ ❋

Herzliche Gratulation! Sie haben viel gearbeitet.

Werden Sie sich bewusst: Wenn Sie Ihre Werte tiefgründig kennen, können Sie Ihr Leben bewusster gestalten und den Fokus auf das für Sie Wichtige legen. Sie werden dadurch glücklicher. Und wer glücklich ist, gewinnt an **Mut** und innerer **Stärke**.

5. VERTIEFUNG

Wenn Sie an diesem Thema dranbleiben und noch mehr aus diesem Werkzeug für sich herausholen möchten, empfehle ich Ihnen folgende vertiefende Schritte:

Übung 1:

Denken Sie darüber nach: Verstehen Sie nun besser, warum Sie im Bereich X so zufrieden sind und im Bereich Y so unzufrieden? Machen Sie sich Notizen.

Übung 2:

1. Überlegen Sie, wie Sie Ihre Top-Werte bewusster in Ihr Leben einbauen können. Formulieren Sie für sich dafür einen ersten konkreten Schritt und setzen Sie diesen Schritt konsequent durch.

2. Wiederholen Sie den 1. Punkt immer wieder, indem Sie sich regelmässig bewusst machen, welche Werte Sie haben und wie Sie diese Werte konkret in Ihr Leben einbauen können.

Übung 3:

Wenn es Ihnen möglich ist, so besprechen Sie Ihre Werte-Resultate und Ihre Gedanken dazu mit einem Freund/einer Freundin oder einer Fachperson.

Übung 4:

Holen Sie sich Hilfe bei einer Fachperson, wenn es für Sie schwierig ist, Ihre Werte konkret in Ihr Leben einzubauen. An Ihren Werten vorbeileben, ist ein „kostspieliges“ Unterfangen. Sie werden nie wirklich glücklich sein.

Viel Spass beim Glücklicher-Werden!

PERSÖNLICHES COACHING – UNSER **BONUS** FÜR **SIE**

Haben Sie Fragen zum Werkzeug WertBedürfnisse?

Kommen Sie beim Werkzeug WertBedürfnisse nicht mehr weiter?

Möchten Sie mir eine Rückmeldung zum Inhalt geben?

Schreiben Sie mir Ihre Fragen, Anliegen und Anregungen per E-Mail unter:

info@leben-bewegen.ch

Meine weiteren Kontaktdaten:

Leben Bewegen
Sibylla Haas
Bahnhofstrasse 15
CH-8570 Weinfelden

www.leben-bewegen.ch

+41 (0)79 253 15 32

Ich freue mich auf den Kontakt mit Ihnen!

ARBEITSBLÄTTER WertBedürfnisse

Autonomie	Anerkennung	Attraktivität	Authentizität
Ästhetik	Aktivität	Arbeit	Aussehen
Ausgeglichenheit	Abenteuer	Anders sein	Bekanntheit
Beruf	Bewegung	Beziehungen	Beständigkeit
Bescheidenheit	Bedeutung	Begeisterung	Bequemlichkeit
Besitztum	Barmherzigkeit	Berufung	Besser sein
Beschäftigung	Bestätigung	Charisma	Charakter
Charakterfestigkeit	Demut	Dankbarkeit	Durchhaltevermögen
Direktheit	Denken	Dienen	Das Richtige tun
Ehre	Eigentum	Ehrlichkeit	Eigenverantwortung
Einfluss	Entspannung	Entwicklung	Erfolg
Ernährung	Erbe hinterlassen	Ernsthaftigkeit	Ermutigung
Einfachheit	Fairness	Familie	Figur (meine)
Freiheit	Freude	Freundschaft	Frieden
Führung	Fürsorge	Freizeit	Fantasie
Fleiss	Geborgenheit	Gefühle	Gerechtigkeit
Gesundheit	Glaube	Gleichberechtigung	Geld
Genuss	Glück	Gnade	Grosszügigkeit
Gutmütigkeit	Gelassenheit	Gehorsam	Geliebt werden
Gefallen	Geben	Ganzheitlichkeit	Harmonie
Humor	Hoffnung	Herausforderung	Helfen
Herkunft	Hobbies	Idealismus	Intuition
Inhalt	Integrität	Individualität	Immer à jour sein
„In sein“	Ideen	Kinder	Kreativität

Kunst	Konkurrenz	Kontrolle	Lernen
Liebe	Loyalität	Lust	Luxus
Leistung	Lesen	Lachen	Lieben
Leiten	Leidensbereitschaft	Mitgefühl	Mitleid
Moral	Musik	Mitteilen	Mut
Mission	Mode	Macht	Natur
Nähe	Neugier	Nichts tun	Nachhaltigkeit
Natürlichkeit	Offenheit	Ordnung	Orientierung
Privatsphäre	Partnerschaft	Politik	Perfektionismus
Persönlichkeit	Problemlösung	Qualität	Querdenken
Reisen	Romantik	Reichtum	Ruhe
Regeln	Risiko	Respekt	Regelmässigkeit
Selbstverwirklichung	Selbstwert	Sicherheit	Selbstgenügsamkeit
Sinnlichkeit	Sinnsuche	Solidarität	Spannung
Sparsamkeit	Spiritualität	Spontaneität	Sport
Status	Schönheit	Sanftmut	Sexualität
Sorgfalt	Toleranz	Träume	Treue
Tiere	Tiefgang	Team	Teilen
Umwelt	Unabhängigkeit	Unternehmungslust	Unersetzlich sein
Unternehmertum	Versöhnung	Veränderung	Verbundenheit
Vertrauen	Vision	Vergebung	Vorbild
warten können	Wertschätzung	Wissen	Wohlstand
Wärme	Weisheit	Wichtigkeit	Zufriedenheit
Zuneigung	Zugehörigkeit	Zuhören	

Meine 10 Top-Werte:

1.

2.

3.

4.

5.

6.

7.

8.

9.

10.

	Lebensthema ____________	Wie stark kommt der Wert im Lebensthema vor? (☹1 - 10 ☺)	Wie glücklich bin ich darüber? (☹1 - 10 ☺)
Top-Wert 1			
Top-Wert 2			
Top-Wert 3			
Top-Wert 4			
Top-Wert 5			
Top-Wert 6			
Top-Wert 7			
Top-Wert 8			
Top-Wert 9			
Top-Wert 10			

	Lebensthema ____________	Wie stark kommt der Wert im Lebensthema vor? (☹1 - 10 ☺)	Wie glücklich bin ich darüber? (☹1 - 10 ☺)
Top-Wert 1			
Top-Wert 2			
Top-Wert 3			
Top-Wert 4			
Top-Wert 5			
Top-Wert 6			
Top-Wert 7			
Top-Wert 8			
Top-Wert 9			
Top-Wert 10			

	Lebensthema ____________	Wie stark kommt der Wert im Lebensthema vor? (☹1 - 10 ☺)	Wie glücklich bin ich darüber? (☹1 - 10 ☺)
Top-Wert 1			
Top-Wert 2			
Top-Wert 3			
Top-Wert 4			
Top-Wert 5			
Top-Wert 6			
Top-Wert 7			
Top-Wert 8			
Top-Wert 9			
Top-Wert 10			

Werkzeug 7 GutGenug

1. EINFÜHRUNG

Die meisten Menschen denken schlechter von sich, als es die Realität zeigt. Sie machen sich klein und sind überzeugt, nicht so wertvoll zu sein wie Frau X oder Herr Y. Sie missachten den Lebensgrundsatz, dass jeder Mensch gleich-wertig ist, d.h. ganz genau gleich viel Wert hat, ungeachtet dessen, was er leistet, wo und wie er wohnt, wie schön oder wie gescheit er ist usw. Wir alle haben den gleichen Wert. Wir alle sind unbezahlbar wertvoll!
Viele denken seit Jahren immer wieder die gleichen Sätze über sich selbst, ohne einmal zu überprüfen, ob die Sätze denn auch stimmen.
Es ist hilfreich, sich im Bezug auf die inneren „Ich-Überzeugungen" auf die Schliche zu kommen.
Was denken Sie über sich selbst? – Diese Sätze zu kennen ist die Voraussetzung, um die Ich-Sätze 1. zu überprüfen und 2. zu korrigieren.
Das Werkzeug GutGenug lädt Sie genau dazu ein: Lernen Sie Ihre Selbst-Überzeugungen kennen. Überprüfen Sie diese Sätze auf deren Wahrheitsgehalt. Korrigieren Sie unwahre Sätze und ersetzen Sie sie durch neue, ermutigende Inhalte. Erfahren Sie, dass Sie **gut genug** sind!

PS: *Diese innere Haltung/dieses Wissen, dass jeder Mensch gleich-wertig ist, basiert auf der Individualpsychologie von Alfred Adler.*

2. ZIELE

Das Werkzeug GutGenug verfolgt diese Ziele:

1. Sie finden heraus, was Sie über sich selbst denken und was Ihre Selbst-Überzeugungen sind.
2. Sie überprüfen Ihre Ich-Sätze.
3. Sie suchen und finden neue, ermutigende Ich-Sätze.
4. Sie kreieren ein Ich-Bild, das Sie jeden Tag ermutigt und Sie wissen lässt, dass Sie **gut genug** sind.

3. MATERIAL

- GutGenug SCHRITT FÜR SCHRITT (Seiten 106 – 109)
- ARBEITSBLÄTTER GutGenug (Seiten 112 – 119)
- 5 – 10 verschiedenfarbige A4-Blätter (helle, bunte, schöne Farben)
- Ein grosses weisses A2-Papier oder mindestens A3-Papier
- Farb- und Filzstifte (dunkle und helle)
- Notizpapier

4. GutGenug SCHRITT FÜR SCHRITT

Dieses Coaching-Werkzeug braucht Zeit.

1. Nehmen Sie sich mindestens eine Woche lang jeden Tag 5 Minuten Zeit. Sorgen Sie dafür, dass es ruhig ist und Sie nicht abgelenkt werden. Schliessen Sie Ihre Augen und fragen Sie sich:
   Was denke ich über mich selbst?
   Welche Überzeugungen über mich selbst trage ich in mir?
   Was sagen andere Leute über mich?
   Was denke ich, dass andere Leute über mich denken?

   Graben Sie tief! „Bereisen" und berücksichtigen Sie verschiedene Lebensbereiche: Umgang mit mir, Partnerschaft, Familie, Freunde, Arbeit, Freitzeit, Spiritualität/Glaube, Umgang mit der Zeit, Umgang mit Geld usw.

2. Nehmen Sie die Arbeitsblätter (Seiten 112 - 114) zur Hand. Schreiben Sie Ihre Erkenntnisse unter dem entsprechenden Wochentag auf. Falls der Platz nicht reicht, nehmen Sie zusätzlich Ihr Notizpapier.

3. Überprüfen Sie am Ende der Woche Ihre „Ich denke über mich-Ausbeute". Wie ermutigend denken Sie über sich selbst? Wann und wo denken Sie negativ über sich selbst? Wie dunkel oder negativ gefärbt oder wie schön farbig sind Ihre Gedanken über Ihr Selbst?

4. Nehmen Sie nun das grosse weisse A2- oder A3-Papier.

5. Nehmen Sie eine für Sie schöne Farbe und zeichnen Sie die Umrisse eines Menschen, der Sie darstellen soll. Benutzen Sie dazu das ganze Blatt.
   Wichtig: Zeichnen Sie entspannt. Es geht nicht um einen Wettbewerb!

6. Nehmen Sie jetzt eine dunkle Farbe wie schwarz oder dunkelgrau oder dunkelbraun und färben Sie so viel Ihrer Figur dunkel ein, wie Sie sich selbst „dunkel"/negativ denken und empfinden.
   Achtung: Es geht hier nicht um die Form Ihres Körpers oder einzelne Körperteile, die Sie vielleicht nicht mögen. Sie färben einfach so viel Ihres Körpers dunkel ein, wie Sie sich auch „dunkel"/negativ empfinden (ungenügend, hässlich, wertlos, ...). Wo auf Ihrem Körper Sie diese dunklen Stellen einfärben, spielt keine Rolle.

7. Schreiben Sie nun alle Sätze, die für dieses „Dunkel" verantwortlich sind, in die dafür vorgesehene Tabelle (Seite 115). Erschrecken Sie nicht über die vielen Linien. Die meisten Menschen denken viele negative Dinge über sich selbst. Es geht darum, diese Sätze ans Licht zu bringen und gut sichtbar zu machen. Erst dann können die Sätze auf deren Wahrheitsgehalt überprüft werden.
   Wenn die Linien nicht ausreichen, dann drucken oder kopieren Sie sich ein zusätzliches Blatt dieser Seite 115.

8. Überprüfen Sie jetzt in aller Ruhe und mit einer hohen Präsenz und Ehrlichkeit sich selbst gegenüber Ihre Sätze auf deren Wahrheitsgehalt. Was stimmt 100%? Und 100% meint 100%! Setzen Sie bei diesen Sätzen einen Haken in die zweite dafür vorgesehene Spalte. Seien Sie bei dieser Aufgabe genau! Fragen Sie sich: Wie ist es wirklich? Wie oft ist es so? Ist es immer so? Ist dies „nur" mein Gefühl oder würden das alle anderen Leute auch so sehen?

9. Was stimmt nicht 100%? Zu wie viel Prozent stimmt es? Schreiben Sie in die dritte dafür vorgesehene Spalte den Prozentsatz hinein, der Ihrer Meinung nach der Wahrheit entspricht. Wenn Sie zum Beispiel 10% schreiben, dann bedeutet das, dass dieser Satz zu 10% richtig ist oder anders gesagt: In 10 von 100 Fällen entspricht er der Wahrheit und in 90 von 100 Fällen ist es anders.

10. Ganz sicher stimmen nicht **alle** Sätze zu 100%, denn niemand ist **immer** ungenügend, ungenau, unpünktlich, unsorgfältig, gemein, verlogen usw. Sind Sie erstaunt, was sich nach der Überprüfung Ihrer Ich-Überzeugungen zeigt?

11. Schreiben Sie unter „Meine Gedanken zu meinen Ich-Überzeugungen" (Seite 116) auf, was Sie darüber denken.

12. Nun geht es weiter. Nehmen Sie alle Ihre aufgeschriebenen Sätze und schreiben Sie diese neu oder streichen Sie diejenigen Sätze, die gar nicht stimmen. Wie können Sie das machen?

Lesen Sie folgende Beispiele:

Beispiel 1:
Alter Satz: Ich bin unpünktlich!
Neuer Satz: Ich bin bei meiner Familie häufig unpünktlich. Bei meiner Arbeit bin ich sehr pünktlich.

Beispiel 2:
Alter Satz: Ich genüge nicht!
Neuer Satz: Ich genüge, denn ich bin einzigartig!

Beispiel 3:
Alter Satz: Ich habe zwei linke Hände!
Neuer Satz: Ich kann sehr gut Wäsche zusammenlegen, einen Nagel einschlagen und im Garten jäten.

Beispiel 4:
Alter Satz: Ich arbeite zu wenig.
Neuer Satz: Ich arbeite viel, wenn es um neue Ideen und Konzepte geht. Dann scheue ich keine Arbeit.

Verstehen Sie, was Sie tun können? Schreiben Sie Ihre neuen Sätze auf die Seite 117. Wenn ein Kern Wahrheit in Ihren Sätzen steckt, dann schreiben Sie das auch so, aber eben differenziert. Wenn die Linien nicht ausreichen, dann drucken oder kopieren Sie sich ein zusätzliches Blatt.

13. Betrachten Sie Ihre neuen Sätze. Wie fühlen sich die neuen Sätze an? Worüber freuen Sie sich? Was können Sie feiern?

14. Schreiben Sie Ihre Gedanken dazu unter „Meine Gedanken über meine neuen Ich-Sätze" (Seite 118) auf.

15. Entscheiden Sie sich, ob und welche Themen Sie angehen wollen. Beispielsweise können Sie sich entscheiden, in Zukunft bei Ihrer Familie ebenfalls pünktlich zu erscheinen, indem Sie z.B. immer 15 Minuten früher losfahren.
16. Was wollen Sie angehen? Welche Ideen haben Sie dazu? Schreiben Sie Ihre Themen und Ideen auf das entsprechende Arbeitsblatt (Seite 119).
17. Nehmen Sie nun Ihr grosses weisses A2- oder A3-Papier mit Ihrer Figur und den dunkel eingefärbten Stellen und die schönen farbigen A4-Blätter zur Hand.
18. Reissen Sie ein erstes kleineres Stück aus dem farbigen Papier und beschriften Sie es mit einem Ihrer neuen Sätze.
19. Kleben Sie dieses neu beschriftete und schöne Stück Papier über einen dunklen Fleck auf Ihrer Figur.
20. Verfahren Sie so weiter, bis Sie alle Ihre neuen Sätze auf der Figur aufgeklebt haben. Mit der Zeit verschwinden immer mehr dunkle Flecken. Die neu erkannten Ich-Wahrheiten und Stärken werden schön bunt sichtbar.

Beispiel:

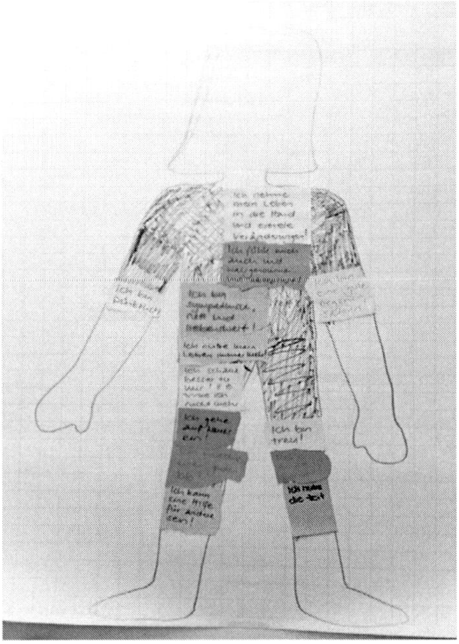

Haben Sie das Werkzeug fertig bearbeitet?
Dann lesen Sie hier weiter und freuen Sie sich!

❋ ❋

Herzliche Gratulation! Sie haben viel gearbeitet.

Werden Sie sich bewusst: Was Sie denken, entscheidet darüber, wie Sie sich fühlen. Erkennen Sie die unglaubliche Freiheit, Gedanken selber zu bestimmen und neu zu formulieren. Nutzen Sie dieses Wissen regelmässig. Eine Folge davon ist, dass Ihr **Mut** zunehmen und Ihre innere **Stärke** wachsen wird.

5. VERTIEFUNG

Wenn Sie an diesem Thema dranbleiben und noch mehr aus diesem Werkzeug für sich herausholen möchten, empfehle ich Ihnen folgende vertiefende Schritte:

Übung 1:

1. Wie hat sich Ihr Selbstbild verändert? Kreieren Sie **einen** oder **zwei** neue und **100% ermutigende ICH-Sätze.**
2. Schreiben Sie diese neuen zu 100% ermutigenden Sätze auf ein schönes Blatt Papier und hängen Sie das Blatt an einem gut sichtbaren Ort in Ihrer Wohnung/ Ihrem Haus auf. Geniessen Sie in den nächsten Wochen diese **ICH-Sätze** und sprechen Sie sie immer wieder laut aus. Dadurch verinnerlichen und stärken Sie Ihr neues Ich-Wissen.

Übung 2:

Haben Sie den Mut und zeigen Sie mindestens drei vertrauten Personen Ihr neues Selbstbild. Fragen Sie nach, wie das neue Bild wirkt und machen Sie sich davon Notizen. Erkennen Sie, dass Sie **gut genug** sind?

Übung 3:

Jedes Mal, wenn Sie Ihr neues Bild anschauen, sprechen Sie die neuen Sätze laut aus.

Übung 4:

Sagen Sie sich Ihre neuen Sätze täglich. Trainieren Sie Ihr neues Ich-Wissen und Ihre neuen Ich-Überzeugungen mindestens 90 Tage lang regelmässig laut. Das Neue benötigt ein intensives Training, da Sie jahrelang Unwahres über sich selbst dachten. Auf diese Weise können Sie Ihr Unterbewusstsein neu programmieren. Erstellen Sie sich zur Hilfe ein Blatt mit Kästchen für 90 Tage. Haken Sie jeden Tag ein Kästchen ab. Nehmen Sie sich wichtig und bleiben Sie dran!

Holen Sie sich Hilfe in Form eines Coachings, wenn Sie in Ihrem neuen Prozess der Ich-Überzeugungen Begleitung und Unterstützung wollen.

Sie sind **gut genug** so wie Sie sind. Sie können jeden Bereich Ihres Lebens angehen und bearbeiten und sind nicht ausgeliefert.

PERSÖNLICHES COACHING – UNSER **BONUS** FÜR **SIE**

Haben Sie Fragen zum Werkzeug GutGenug?

Kommen Sie beim Werkzeug GutGenug nicht mehr weiter?

Möchten Sie mir eine Rückmeldung zum Inhalt geben?

Schreiben Sie mir Ihre Fragen, Anliegen und Anregungen per E-Mail unter:

info@leben-bewegen.ch

Meine weiteren Kontaktdaten:

Leben Bewegen
Sibylla Haas
Bahnhofstrasse 15
CH-8570 Weinfelden

www.leben-bewegen.ch

+41 (0)79 253 15 32

Ich freue mich auf den Kontakt mit Ihnen!

ARBEITSBLÄTTER GutGenug

Montag:

Dienstag:

Mittwoch:

Donnerstag:

Freitag:

Samstag:

Sonntag:

Ich denke folgende negative Dinge über mich:	Stimmt **100%** √	Stimmt zu ___%.

Meine Gedanken zu meinen ICH-Überzeugungen:

Meine neuen Sätze:

Meinen Gedanken über meine neuen ICH-Sätze:

Themen und Ideen zur Umsetzung:

you arise

Werkzeug +1 KraftPaket

1. EINFÜHRUNG

Dieses letzte Werkzeug Kraftpaket ist kein zusätzliches neues Werkzeug mehr, sondern das geballte KraftPaket Ihrer Arbeit aus den Werkzeugen 1 bis 7. Sie werden erstaunt sein, was Sie alles erreicht haben und was in Ihnen steckt!
Mit diesem KraftPaket haben Sie die beste Basis für ein mutiges und starkes ICH. Sie sind ein KraftPaket!

Wichtig: Es geht hier nicht um Fehlendes oder Mangelhaftes, sondern einzig und allein um das, was an Wertvollem, Starkem, Einzigartigem und Wichtigem in Ihnen steckt, Ihr KraftPaket eben.

2. ZIELE

Das Werkzeug KraftPaket verfolgt diese Ziele:

1. Sie konzentrieren sich noch einmal auf jedes erarbeitete Werkzeug (1 bis 7) und filtern das für Sie erarbeitete Potenzial heraus.
2. Sie sehen, spüren und erleben Ihr gesamtes KraftPaket.
3. Sie sind ermutigt und gestärkt für Ihr weiteres Leben.

3. MATERIAL

- KraftPaket SCHRITT FÜR SCHRITT (Seiten 122 – 125)
- ARBEITSBLÄTTER KraftPaket (Seiten 127 – 133)
- Die ausgearbeiteten Werkzeuge 1 bis 7
- Notizpapier
- Schreibstifte
- Farb- oder Filzstifte

4. KraftPaket SCHRITT FÜR SCHRITT

Nehmen Sie das von Ihnen erarbeitete Werkzeug LebensBalance hervor.

1. Lesen Sie es noch einmal in Ruhe durch.

2. Bei welchen Lebensthemen stehe ich mit beiden Beinen im Leben (Punktzahl über 7)? Markieren Sie diese Themen mit einem Stift.

3. Mit welchen Lebensthemen kann ich zufrieden sein (Punktzahl 7)? Markieren Sie auch diese Themen mit einem Stift.

Nehmen Sie nun auch die Arbeitsblätter KraftPaket (Seiten 127 – 133) **und einen Stift zur Hand und konzentrieren Sie sich auf den Bereich LebensBalance.**

1. Formulieren Sie für jedes oben aufgeschriebene Lebensthema einen Satz, der Ihre Zufriedenheit zum Ausdruck bringt. Wenn es Ihnen hilft, schreiben Sie die Sätze zuerst auf Notizpapier, bis Sie mit der Wortwahl zufrieden sind. Schreiben Sie die ermutigenden Sätze dann mit einem farbigen Stift auf die dafür vorgesehene Seite LebensBalance (Seite 127).
   Z.B. zum Thema Ich/Körper: Ich kenne meine Bedürfnisse gut, kann mich als Mensch mit all meinen Facetten annehmen und freue mich über mein Selbst.

2. Wenn Sie zu allen oben genannten Lebensthemen einen positiven Satz formuliert haben, legen Sie das Werkzeug LebensBalance zur Seite.

❋ ❋

Nehmen Sie das Werkzeug StärkenTurm zur Hand

1. Lesen Sie das Werkzeug StärkenTurm noch einmal in Ruhe durch und nehmen Sie die farbigen Zettel mit Ihren Stärken zur Hand.

2. Alle diese Stärken gehören zu Ihnen! Werden Sie sich dessen nochmals bewusst.

3. Bilden Sie nun einen oder mehrere Sätze, die Ihre Stärken zum Ausdruck bringen. Wenn es Ihnen hilft, schreiben Sie die Sätze zuerst auf Notizpapier. Wenn Sie mit den Sätzen zufrieden sind, schreiben Sie sie mit einem farbigen Stift auf die dafür vorgesehene Seite StärkenTurm (Seite 128).
   Z.B.: Ich kann meine Gefühle gut in Worte fassen, besitze eine gehörige Portion Mut, wenn es darum geht, neue Lebenssituationen anzugehen und bin ein ausgeglichener und fröhlicher Mensch. Ich bin ehrgeizig und liebe Sport.

4. Wenn Sie „alle" Ihre Stärken in Sätze verpackt und aufgeschrieben haben, legen Sie das Werkzeug StärkenTurm zur Seite.

❋ ❋

Nehmen Sie das Werkzeug ErfülltSein zur Hand

1. Lesen Sie es noch einmal in Ruhe durch.

2. Stellen Sie sich folgende Frage: Welche Lebensthemen haben für mich besondere Bedeutung? Sie haben sie auf Ihrer Zielscheibe zur Mitte hin platziert. Wählen Sie höchstens 10 Lebensthemen aus.

3. Formulieren Sie nun einen oder mehrere Sätze, die zum Ausdruck bringen, dass die ausgewählten Lebensthemen Ihnen besonders wichtig sind. Schreiben Sie diese Sätze in den Arbeitsblättern KraftPaket auf die dafür vorgesehene Seite ErfülltSein (Seite 129) unter dem Titel „Meine Erkenntnisse".
   Z.B.: Es ist für mich wichtig, meinen Lebensträumen Raum zu geben und sie mit meinen Werten und Ideologien zusammenzubringen. Der Beziehung zu meiner Frau und meinen Kindern gebe ich viel Raum.

4. Richten Sie Ihr Augenmerk nun auf die Entwicklungen, die Sie durch das Werkzeug ErfülltSein vollzogen haben. Formulieren Sie Ihre Erfolge in Sätze und schreiben Sie diese auf die Seite ErfülltSein (Seite 129) unter dem Titel „Meine Entwicklung".
   Z.B.: Ich habe mich meiner Angst zu versagen gestellt, habe Hilfe in Anspruch genommen und falle heute nur noch selten in das alte Muster zurück.

5. Wenn Sie „alle" ihre Entwicklungen/Erfolge festgehalten haben, legen Sie das Werkzeug ErfülltSein zur Seite.

❋ ❋

Nehmen Sie das Werkzeug LebensBereiche zur Hand

1. Lesen Sie es noch einmal in Ruhe durch.

2. Welche Rangordnung haben Sie Ihren LebensBereichen gegeben? Schreiben Sie das Resultat in den Arbeitsblättern KraftPaket auf die dafür vorgesehene Seite 130.

3. Welchen Ihrer Veränderungswünschen ist eine Umsetzung erfolgt?

4. Überlegen Sie sich, wie Sie jede dieser Umsetzungen, respektive Ihre erreichten Ziele, in je einen Satz formulieren können. Schreiben Sie diese Sätze in den Arbeitsblättern KraftPaket auf die dafür vorgesehene Seite 130 auf.
   Z.B. Ich habe meine beruflichen Zukunftschancen erweitert, indem ich ein Seminar zum Thema Personalführung besucht habe.

5. Wenn Sie alle Ihre erreichten Ziele in Sätze formuliert und aufgeschrieben haben, legen Sie das Werkzeug LebensBereiche zur Seite.

❋ ❋

Pause gefällig? Sie haben schon mehr als die Hälfte ihres KraftPaketes zusammengestellt!

Nehmen Sie das Werkzeug KraftPotenzial zur Hand

1. Lesen Sie es noch einmal in Ruhe durch.

2. Welches sind Ihre Stärken, Fähigkeiten, Kompetenzen und Gaben?

3. Wählen Sie aus der Fülle ihres KraftPotenzials 10 Stärken aus, die für Sie sehr wichtig sind. Schreiben Sie diese in den Arbeitsblättern KraftPaket auf die dafür vorgesehene Seite 131 auf.

4. Wenn Sie Ihre 10 wichtigsten Stärken aufgeschrieben haben, legen Sie das Werkzeug KraftPotenzial zur Seite.

❋ ❋

Nehmen Sie das Werkzeug WertBedürfnisse zur Hand

1. Lesen Sie es noch einmal in Ruhe durch.

2. Welches sind Ihre 10 Top-Werte? Tragen Sie diese Werte in den Arbeitsblättern KraftPaket auf die dafür vorgesehene Seite 132 ein.

3. Überlegen Sie sich, zu welchen Erkenntnissen Sie auf Grund des Werkzeugs WertBedürfnisse gekommen sind. Formulieren Sie für jede Erkenntnis einen Satz und schreiben Sie diese Sätze ebenfalls auf der Seite 132 unter „Meine Erkenntnisse".

4. Wenn Sie alle Ihre Erkenntnisse festgehalten haben, legen Sie das Werkzeug WertBedürfnisse zur Seite.

❋ ❋

Nehmen Sie das Werkzeug GutGenug zur Hand

1. Lesen Sie es noch einmal in Ruhe durch.

2. Welche neuen Sätze über sich selbst haben Sie formuliert, auf farbiges Papier aufgeschrieben und auf dem Bild aufgeklebt? Schreiben Sie diese neuen positiven Sätze in den Arbeitsblättern KraftPaket auf die Seite 133 auf.

❋ ❋

Herzliche Gratulation!

Sie haben es geschafft.

Sie sind genial und einmalig, ein wunderbarer Mensch mit einer farbigen, vielschichtigen und vollkommen interessanten Identität.

Schauen Sie sich noch einmal in Ruhe Ihr **KraftPaket** an.

Haben Sie grosse Freude an sich! – für das, wer und was Sie sind und für jeden einzelnen Entwicklungsschritt, den Sie bewältigt haben.

Geben Sie Ihrer Freude Ausdruck!
Suchen Sie dazu ein geeignetes Mittel oder eine körperliche „Möglichkeit".
Yes!!! – ein Tanz – ein Lied – ein Freudensprung – ein Klang – eine Hupe – ...

Verknüpfen Sie Ihre Wahl mit Ihren Erfolgen und machen Sie daraus ein Ritual.
Gehen Sie mindestens 1x täglich in diese Freude und geben Sie ihr Ausdruck.

Sie werden dadurch **ermutigt** und **gestärkt**!

☺

6. PERSÖNLICHES COACHING – UNSER **BONUS** FÜR **SIE**

Haben Sie Fragen zum Werkzeug KraftPaket?

Kommen Sie beim Werkzeug KraftPaket nicht mehr weiter?

Möchten Sie mir eine Rückmeldung zum Inhalt geben?

Schreiben Sie mir Ihre Fragen, Anliegen und Anregungen per E-Mail unter:

info@leben-bewegen.ch

Meine weiteren Kontaktdaten:

Leben Bewegen
Sibylla Haas
Bahnhofstrasse 15
CH-8570 Weinfelden

www.leben-bewegen.ch

+41 (0)79 253 15 32

Ich freue mich auf den Kontakt mit Ihnen!

ARBEITSBLÄTTER KraftPaket

KraftPaket
LebensBalance

KraftPaket
StärkenTurm

KraftPaket
ErfülltSein
Wichtige Lebensthemen:
Meine Entwicklung:

KraftPaket
LebensBereiche
Rangordnung LebensBereiche:
Meine erreichten Ziele:

KraftPaket
KraftPotential
Meine wichtigsten Stärken:

KraftPaket
WertBedürfnisse
Meine Top 10 Werte:
Meine Erkenntnisse:

KraftPaket
GutGenug

Printed by
Schaltungsdienst Lange o.H.G., Berlin